DE TRANSGÉNERO

a

transformada

Una historia de transición
que te hará verdaderamente libre

Laura Perry Smalts

EDITORIAL
PORTAVOZ

El testimonio de la obra de Dios en la vida de Laura traerá esperanza en medio de la oscura y confundida generación en la que vivimos. No hay oscuridad tan profunda que Jesucristo no pueda redimir con su poder y su gracia redentora.

—Laura González de Chávez, directora,
Aviva Nuestros Corazones

Contenido

Prólogo del Dr. Everett Piper   9

Introducción   13

1 El choque con una niña de voluntad firme   19

2 La búsqueda de significado   27

3 La invasión de las tinieblas   37

4 Un cambio de mentalidad, pero no de corazón   61

5 Un nuevo "salvador"   83

6 Las profundidades de la desesperación   91

7 La promesa de libertad   103

8 La celda de mi prisión   119

9 La resurrección   133

10 Una vida nueva   163

11 ¿Cuál es la importancia?   183

Reconocimientos   205

Prólogo

Los defensores del movimiento transgénero actual proclaman que nadie debe verse condicionado o restringido por las limitaciones de su cuerpo físico. Creen que, después de todo, el argumento "nací así", en realidad, es una mentira. Afirman que somos más de lo que se nos "asignó al nacer". La genética y la fisiología no nos definen. Todos pueden convertirse en una nueva persona. La forma en que naces no determina el final de tu historia. Todos pueden hacer una transición.

Si tienes la inquietante sensación de haber escuchado un argumento ligeramente similar a este mucho antes que apareciera en escena la narrativa LGBTQ moderna, probablemente no estés equivocado. Ya sea que hayas crecido en la iglesia o no, supongo que las siguientes palabras, escritas hace unos dos mil años, podrían permanecer guardadas entre los vagos recuerdos de tu infancia:

"De modo que si alguno está en Cristo, nueva criatura es; las cosas viejas pasaron; he aquí todas son hechas nuevas" (2 Corintios 5:17).

"… porque ustedes ya se han quitado la vieja naturaleza pecaminosa… Vístanse con la nueva naturaleza y se renovarán a medida que aprendan a conocer a su Creador" (Colosenses 3:9-10, NTV).

"*… deshágense de su vieja naturaleza pecaminosa y de su antigua manera de vivir… En cambio, dejen que el Espíritu les renueve los pensamientos y las actitudes. Pónganse la nueva naturaleza*" (Efesios 4:22-23, NTV).

"*… hemos muerto y fuimos sepultados con Cristo mediante el bautismo… ahora nosotros también podemos vivir una vida nueva*" (Romanos 6:4, NTV).

"*Tienen que nacer de nuevo*" (Juan 3:7, NTV).

Como verás, el "mensaje trans" no es nuevo. Ha existido durante al menos dos milenios, pero aquí está el problema: lo que escuchas de las élites culturales de hoy es una imitación muy mala y defectuosa del original.

Los clamores modernos por la "transición" se parecen a la "transformación" prometida en estos pasajes antiguos como se parecen los garabatos en crayón de un niño a la madurez de un Rembrandt. Claro, sí, hay indicios de una verdad más profunda en cada mentira (y tal vez cuanto más grande sea la mentira, mayor sea la alusión), pero no olvides lo que C. S. Lewis advirtió hace unos sesenta años. Dijo que somos necios por conformarnos tan fácilmente con barro cuando podemos obtener oro puro con solo pedirlo.

Todos conocemos, por intuición, la condición rota de nuestra biología. Todos comprendemos los defectos de nuestra naturaleza humana. Todos sabemos que el mal acecha en cada corazón humano. Todos reconocemos que lo que se nos "asignó al nacer" debe cambiar y convertirse en algo diferente, mejor y nuevo. El apóstol Pablo declara que estas verdades están escritas en cada corazón humano. G. K. Chesterton señaló que el hecho de que los humanos no son seres perfectos, nobles o buenos —sino que están rotos y necesitan restauración— es quizás la parte más comprobable de toda la teología cristiana.

Este deseo humano de cambiarse a sí mismo, de hacer una transición, es una historia tan antigua como el tiempo. Es el relato de la historia humana, el pecado humano y nuestra intuitiva necesidad de redención humana.

Sin embargo, esta es la cuestión: el verdadero cambio humano duradero y significativo nunca se encuentra en la dureza de nuestro corazón o en la debilidad de nuestras pasiones. "Parecería que nuestro Señor no encuentra nuestros deseos demasiado fuertes, sino demasiado débiles —escribe Lewis—. Somos criaturas desganadas, que pierden el tiempo con la bebida, el sexo y la ambición, cuando se nos ofrece una alegría infinita, como un niño ignorante que quiere seguir jugando con el barro en los suburbios, porque no puede imaginar lo que significa pasar unas vacaciones junto al mar. Nos conformamos con demasiada facilidad" (C. S. Lewis, *El peso de la gloria*).

Este libro trata sobre esas "vacaciones". Es la historia de alguien que decidió no "conformarse con demasiada facilidad" a "seguir jugando con el barro". Es la historia de una hermosa joven que me escribió esta nota el 12 de septiembre de 2016:

Hola, Dr. Piper, tenía muchas ganas de conocerlo, pero tal vez, al menos, pueda enviarle un mensaje… Lo he estado escuchando en la radio. Me convertí al cristianismo hace unos dos años. Sin embargo, yo era transgénero. Vivía como un hombre y me había sometido a varias cirugías y tratamientos con hormonas, y me había cambiado el nombre legal y el género. Sin embargo, durante varias semanas lo escuché hablar [en la radio] sobre [los errores de mi punto de vista]. Durante mucho tiempo, traté de justificarme. Quería ser un hombre de Dios. No obstante, [sus palabras] continuaban trayendo convicción de pecado a mi vida. Hace seis semanas, rendí mi vida completamente a Cristo y volví a casa con mi familia y a mi iglesia local, como una mujer. La iglesia me ha recibido con los brazos abiertos, el Espíritu me está llenando y Dios me ayudó a llevar (por el impulso del Espíritu Santo) a la primera persona a Cristo hoy. ¡¡Aleluya!!

De todos modos, hoy solo quería animarlo. Nunca se sabe cómo [la verdad] puede tocar la vida de las personas, aunque por el momento parezca entrar por oídos sordos. Dios me permitió crecer en el cristianismo durante dos años antes de tener una verdadera convicción de pecado; pero ahora soy una nueva criatura en Cristo (2 Corintios 5:17).

En esencia, la historia de Laura trata sobre cómo cada uno de nosotros sabemos, en lo más profundo de nuestra alma, que lo que se nos "asignó al nacer" no es lo que debemos ser. Es el relato sobre una "vida nueva". Es el diario sobre una "mente renovada" y un "nuevo ser". Es la historia de alguien que llegó a ser una "nueva criatura".

Este es un libro sobre una persona que ha decidido no conformarse tan fácilmente con el "barro" de sus pasiones, sino aceptar nada menos que el "oro" de cómo la define su Señor.

Es la historia de una persona verdaderamente *transformada*.

Dr. Everett Piper,
autor del éxito de ventas, *Not a Day Care*,
columnista, presentador de radio, ex presidente
de una universidad, conferencista

Introducción

Aquí vamos de nuevo, suspiré a regañadientes mientras abría la puerta de un restaurante familiar de mi barrio. Una vez más tenía que enfrentarme a mis padres a quienes, durante años, les había estado ocultando secretos oscuros. Hasta ahora, había tenido bastante éxito en ocultar mis mentiras, pero ¿me descubrirían alguna vez? No estoy segura de que me importara. La verdad era que no tenía miedo de perder su amor, o eso pensaba. Su intromisión constante en mis asuntos era como una manta mojada sobre la vida licenciosa que disfrutaba lejos de su mirada crítica; pero, para mantener la paz, fui a cenar con ellos un sábado por la noche en lugar de pasar la noche con mi nuevo interés amoroso. Sin embargo, cada vez era más difícil ocultar los cambios más recientes en mi estilo de vida. Durante años, había estado ocultando infinidad de actos que los habría horrorizado, pero ahora los cambios eran innegables.

Era el 19 de julio de 2008. Unos nueve meses antes de aquella noche, me había embarcado en una nueva y emocionante aventura hacia la autorrealización como "hombre transgénero". Después de meses de inyectarme cada dos semanas una fuerte dosis de testosterona, cortarme el cabello hasta dejarlo casi rapado y ahora usar fajas para ocultar mis senos, apenas me parecía a su hermosa niña.

Esa noche estaba a punto de ser descubierta, y el mundo entero de mis padres estaba a punto de derrumbarse como una lámpara de cristal que se cae del techo y se hace añicos en un millón de pedazos irreconocibles. Mantuvimos una aburrida conversación durante algunos minutos; ninguno de nosotros quería tocar el tema tabú. ¿Quién sería el primero? Por fuera estaba tranquila y serena, pero en mi interior me retorcía de los nervios. ¿En serio podrían no haberse dado cuenta?

Después de un largo rato, mi papá se excusó para ir al baño. Mi mamá me miró y me preguntó con una mirada perpleja en su rostro: "Laura, ¿estás tratando de parecer un hombre?".

Comencé a llorar. Me tomó por sorpresa mi propia reacción. Pensé que era una persona dura, y ciertamente no quería que me vieran como alguien sensible. *Odiaba* ser sensible. Estaba decidida a doblegar a toda costa esa parte débil de mí. No estoy segura de qué fue lo que me hizo llorar. Sinceramente, no me importaba lo que pensaran de mí. Así que asentí. *Sí, estaba tratando de parecer un hombre.*

La respuesta de mi madre en ese momento es una que desde entonces otros han considerado crítica, pero como verás en este libro, fue bien merecida y apropiada: "¿Cómo pudiste hacernos esto?", gritó sin levantar la voz. No estaba segura de que eso fuera posible, pero no necesitaba levantar la voz para que yo supiera que estaba gritando. Empezó a interrogarme y hacerme otras preguntas. Podía sentir la ira hervir dentro de mí por tener que defender "quién era yo realmente" ante esta mujer que me apaleaba con la Biblia y me señalaba con el dedo acusador, a pesar de que ahora yo era una adulta de veinticinco años.

Me preguntó: "¿Estás en una relación con Tonya?". Lo negué con la cabeza. Tonya había sido mi mejor amiga durante años. Sin que mi madre lo supiera, en realidad había intentado seducirla para que tuviera una relación conmigo varios meses antes, a pesar de saber que estaba en relación con un hombre, que era el único padre que su hijo había conocido. Lamentablemente, no me importaba lo que era mejor para su familia; solo pensaba en mí. Lo veía como una competencia. Si hubiera podido ganarme a Tonya, me habría solidificado como hombre. Estaba convencida de que era un hombre por dentro, y quería ser un hombre normal, aunque eso significara tener una novia; pero la verdad era que no me atraían las mujeres, me atraían los hombres. A menudo le decía a la gente que, si tuviera que elegir entre mi "género masculino" y mi orientación sexual, habría elegido mil veces el género masculino. Quería erradicar permanentemente todo recuerdo de haber sido una muchacha. Me avergonzaba de ser mujer.

No, no estaba en una relación con Tonya; estaba en una relación con "Jackie". Jackie era la pareja perfecta para mí, porque Jackie, en realidad, era Steve. Ambos éramos transgénero, pero de manera opuesta. Esto nos permitió vivir como una pareja heterosexual: nacimos con sexo opuesto por naturaleza y ahora vivíamos como transgénero con sexos opuestos. No mencioné en ese momento que Jackie y yo éramos transgénero. Cuando finalmente admití que estaba en una relación con ella, la expresión de horror, ahora pintada en el rostro de mi madre, solo alimentó la ira amarga que crecía en mí.

Me preguntó cómo conocí a Jackie, ya que nunca me había oído mencionarla antes. *Bueno* —pensé— *eso es porque no sabes a dónde he estado yendo y con quién he estado saliendo durante los últimos nueve meses.* Mentí sobre cómo la conocí. Había estado escondiendo por completo ese aspecto de mi vida. Fue un poco profético en cierto modo: mi vida no sería *más que* mentiras durante los próximos años.

Conocí a Jackie en el Centro de Igualdad donde yo asistía a reuniones de grupos de apoyo. Sin embargo, esas reuniones fueron mucho más que un grupo de apoyo emocional. Fue allí donde descubrí que ser transgénero era posible (en realidad, no lo es, lo aprendí por las malas, pero te dicen que sí lo es) y aprendí el proceso que tendría que seguir para convertirme en hombre. En ese momento, a fines de 2007, el transgenerismo todavía estaba muy en las sombras, un tema tabú del que solo se hablaba en los círculos LGBT. No fue hasta unos años más tarde que sería un tema público.

Así que, ya no era ningún secreto que tenía una relación con otra "mujer"; no estaba dispuesta a admitir que Jackie, en realidad, era un hombre. En mi mente, eso hubiera sido admitir que era gay. Yo no era gay, y lo habría defendido hasta la muerte. Yo me consideraba un hombre heterosexual normal con novia. Para aclarar, no tenía ninguna animosidad hacia las personas en relaciones homosexuales, pero estaba desesperada por ser como mi hermano. Sentía muchos celos de él, porque siempre había pensado que mi mamá lo amaba más que a mí.

Mi mamá me miró con una intensidad demandante que no había visto desde mi adolescencia cuando vivía bajo su techo.

—Cuando regresemos a tu apartamento, se lo dirás a tu papá —ordenó.

Hice un gesto de negación con la cabeza.

—Sí, lo harás —espetó ella.

De alguna manera, recuperamos nuestra compostura cuando mi papá regresó a la mesa y pudimos terminar nuestra cena en paz.

Como de costumbre, me acompañaron a mi apartamento después de la cena para conversar un rato antes de ir a su casa a una hora de distancia. Esta vez, sin duda, iba a ser diferente, me temía. Esperaba que mi mamá lo dejara pasar. Fingí que nada había pasado y otra vez me puse a hablar de cosas triviales mientras deseaba que se fueran. De todos modos, no sabían cuánto quería que se marcharan, aunque fuera una buena noche. ¿Tenían alguna idea de cuánto trabajo tuve que hacer antes que vinieran para ocultar la vida que realmente estaba viviendo? Era un inconveniente para la vida que giraba enteramente en torno a mí y mi felicidad. Así que, mientras estábamos sentados en un sofá que ellos me habían comprado para amoblar un apartamento que habían alquilado para mí, mi mamá miró a mi papá y dijo:

—Laura quiere decirte algo.

De nuevo, hice un gesto de negación con la cabeza.

—*Tú* vas a contárselo a tu papá —me dijo.

Ahora las lágrimas corrían por mi rostro. Les conté todo, incluso la parte que mi madre aún no había escuchado. Era hora de enfrentar las consecuencias.

Reuní todo el valor que pude. Para ellos, esta era la peor noticia que habían escuchado. Para mí, era todo lo que había esperado toda mi vida. Fue liberador decirlo en voz alta. La oposición extrema de nuestros puntos de vista chocó de frente cuando comencé: "Desde que era pequeña, he sentido que debería haber sido varón". No creo que entendieran exactamente lo que quise decir con eso al principio, pero a medida que continué con mis divagaciones emocionales, finalmente llegué al hecho de que ahora estaba haciendo la transición para convertirme en un hombre. La respuesta de mi papá me enfureció: "Te cambié los pañales cuando eras un bebé; sé que eres una niña".

Él no era consciente de cuánto me enojaba que me dijera eso. No podía saber cuánto odiaba ser mujer. Llevarme a

> Yo era consciente del hecho de que había nacido mujer, pero ahora estaba decidida a cambiarlo, a corregirlo.

enfrentar la realidad de mis propios genitales me dio ganas de vomitar; ya no podía soportar el hecho de que había nacido niña. Y él no entendía que transgénero significaba "nacer en el cuerpo equivocado". Yo era consciente de que había nacido mujer, pero ahora estaba decidida a cambiarlo, a corregirlo. Me exigieron que renunciara a todas estas tonterías y que buscara consejería cristiana.

Me llené de tanta ira, que mis emociones se desbordaron de mis oídos como el vapor de una locomotora. Estaba muy enojada de que negaran quién era yo por dentro. ¿Por qué no podían sentirse felices por mí? Las personas de la comunidad LGBT me decían cuánto me amaban, y lo maravillosa y valiente que era. ¿Por qué mis propios padres no podían amarme también? Ahora comencé a ver que su amor era condicional, basado en mi voluntad de obedecer sus reglas. Sin embargo, este era mi momento decisivo: mi posición estaba marcada, y no estaba dispuesta a ceder.

Esta es la historia de cómo la sublime gracia del Señor redimió a una infeliz como yo, y trajo a casa a esta niña perdida.

CAPÍTULO 1

El choque con una niña de voluntad firme

Mi historia comienza en un lugar muy oscuro y solitario, sin ninguna interacción o conversación externa. Era un lugar al que nadie más podía entrar y del que yo no podía escapar voluntariamente: el útero. Ahora bien, sí, reconozco que todos comenzamos allí en algún momento. Sin embargo, ¡yo era un bebé milagro! Ya con dos hijos, mis padres habían decidido tener solo uno más. Si no hubiera sido por dos abortos espontáneos entre mi hermano y yo, yo no habría existido. Por supuesto, mis padres lo siguieron intentando después de perder al primer bebé, pero con el segundo aborto espontáneo, mi madre sufrió una hemorragia y casi pierde la vida. Después de salvarse de las heladas garras de la muerte y que le dijeran que era demasiado peligroso que tuviera más hijos, unos meses después decidió que le ligaran las trompas. Sin embargo, antes del procedimiento, como una medida precautoria de rutina, le hicieron una prueba de embarazo. Mi madre se quedó atónita al descubrir que estaba embarazada. ¡Una sorpresa!

Si uno de los abortos espontáneos hubiera llegado a término, habría otro varón en la familia en mi lugar. Si a mi madre le hubieran atado las trompas solo un par de semanas antes, no me habrían concebido. Por sorpresa, ella estaba embarazada, y nueve meses después hice mi gran entrada al mundo. Y creo que entré de lleno.

Yo era una niña hiperactiva, atlética, inquieta, llena de energía y entusiasmo. Se podría decir obstinada o de voluntad firme (como parecía indicar la creciente colección de libros para padres que cubrían la mesa auxiliar de nuestra sala), pero eso le daría un tono negativo, que a menudo es como yo lo veía. Recuerdo, en varias ocasiones, escuchar a mi madre desahogar exasperadamente todas sus frustraciones reprimidas sobre mí, y expresar: "¡Laura es una niña muy obstinada y de voluntad firme!". O "¡Laura es una niña muy difícil de criar!". En realidad, no estoy segura de que fueran palabras tan fuertes. Yo era extremadamente obstinada y estaba decidida a hacer las cosas a mi manera. A menudo decían que discutía hasta con un poste.

Recuerdo que, una mañana en particular, mi papá quería ayudarme a hacer mi cama. Yo ya tenía seis años, y él no parecía entender lo *madura* que era. Dije: "¡Lo haré sola!". Cuando insistió en ayudar, tuve una rabieta terrible y grité: "¡No necesito ayuda, lo haré sola!".

LA MANCHA DE BARRO

Para entender mi historia, tienes que saber algo de la historia de mi mamá. Mi madre era todo lo contrario a mí en muchos sentidos. Ella solía decir que mi papá y yo éramos como "dos gotas de agua"; en cambio, mi mamá y yo éramos como el agua y el aceite. Mi mamá pasó al frente al final de un servicio de la iglesia para pedir a Jesús que entrara a su corazón a la tierna edad de ocho años, y todavía recuerda la convicción de pecado que el Espíritu Santo produjo en ella y la revelación de su necesidad del Salvador. Criada en una iglesia bautista fundamentalista y rigurosa, Francine rápidamente comenzó a servir en "la obra de Dios".

Lo que empezó como un deseo genuino de agradar al Señor dio inicio a una rutina agotadora de servicio para tratar de ganarse el favor de Dios, que duraría más de cincuenta años. Cuando ella era adolescente, acompañaba con frecuencia a su padre a varias obras misioneras y hogares de ancianos para tocar el piano, mientras él cantaba para entretener a los enfermos y desvalidos. A menudo, su padre tenía tres trabajos y pasaba la mayor parte del tiempo libre haciendo algún tipo de servicio "misional". Él también se estaba agotando para agradar a Dios. Mi mamá tomó el relevo y empezó la adultez con una carrera de velocidad y una pancarta que flameaba detrás de ella con las palabras: "¡Yo puedo con esto!". Eso se convirtió en su mantra. Cuando la vida se volvía pesada o extenuante, era simplemente cuestión de "esforzarse más" para vivir la vida cristiana.

Cuando se cansaba y se agotaba en su servicio al Señor, los pastores la alentaban a "esforzarse más". Entonces, redoblaba su determinación y, superándose a sí misma, se levantaba y "se esforzaba más".

Varios años más tarde, como ella me ha contado, estaba nuevamente bajo el dedo acusador de una iglesia legalista. En una ocasión, cuando mis padres junto con otras dos parejas estaban tratando de organizar un almuerzo de confraternidad en la iglesia, el pastor predicó un sermón "condenatorio", que parecía estar dirigido a ellos, donde censuraba su deseo de tener un almuerzo de confraternidad en la casa de Dios. Ya sentían suficiente culpa por el sermón, cuando, solo unos días después, mi madre perdió a su primer bebé, Jeffrey. Esto, creía ella, era un castigo de Dios por no cumplir con las reglas de la iglesia. El pastor se presentó en el hospital para orar por ellos con un tono que parecía transmitir "se lo dije".

Dejaron esa iglesia y comenzaron a asistir a una mejor, o al menos con un pastor más compasivo, a unos pocos kilómetros de distancia. Francine estaba decidida a no volver a desagradar a Dios y comenzó a trabajar aún más duro. Si tenía un momento libre, tenía que estar haciendo algo que pareciera espiritual.

Sus dos primeros hijos fueron tranquilos y obedientes, lo que los convertía en la familia modelo, estoy segura. Yo era como la mancha de barro en una ventana limpia y reluciente. Era difícil mantener la imagen cristiana perfecta con una niña salvaje y revoltosa, a la que debía llevar al baño durante el servicio para corregir su comportamiento a mitad de la predicación. ¿No entendían lo *aburrida* que era la iglesia? En comparación con practicar los diversos deportes que disfrutaba, ir a la iglesia era tan emocionante como ver cómo se seca la pintura. Incluso, nunca me interesó mucho ir a la iglesia, ni siquiera por las actividades para niños. Estaba cansada de que me dijeran que me callara, que me sentara y que actuara como una dama. Era una hazaña tan imposible para mí, que cuando una vez gané el "juego de hacer silencio" en la escuela dominical, mis padres pensaron que estaba mintiendo hasta que mi maestra se lo confirmó unos momentos después. La sorpresa de mis padres era muy lógica. Nunca me caractericé por ser callada. Sin embargo, reveló mi obstinación de voluntad firme, ya que quería ganar más de lo que odiaba estar callada.

En una familia de enérgicos extrovertidos, esta personalidad podría haber encajado bien, pero no en la nuestra. Me sentía como sapo de otro pozo, como si fuera solo una espectadora de mi propia familia. Con una diferencia de edad de ocho años entre mi hermana y yo, teníamos poca interacción y nada en común. Ella era una persona motivada y disciplinada, y yo era como un toro en una tienda de porcelana en medio de su vida ordenada. Se fue de casa a la universidad cuando yo tenía solo diez años, así que lamentablemente era como si viviéramos en mundos totalmente distintos. Sin embargo, tanto mi hermano, que tenía seis años más que yo, como mi padre, eran cariñosos y pasaban mucho tiempo jugando conmigo. No podía negar que yo era la niña de papá. Puede que él no fuera tan hiperactivo como yo, pero definitivamente estábamos cortados por la misma tijera. No obstante, algo en el fondo me hacía sentir que no pertenecía.

COMPETIR POR AMOR

Mientras tanto, mi madre comenzaba a tener problemas de salud. Se estaba agotando por tratar de ser una supercristiana en todas las obras que hacía: se estaba cavando su propia fosa prematura por querer participar de cada comité, tocar el piano para los coros de adultos y jóvenes, patrocinar los viajes del coro de jóvenes, enseñar en la escuela dominical y la lista podría continuar. Esto se sumaba a su trabajo de medio tiempo y al cuidado de una casa con mucho trajín en la que ella misma cocinaba y limpiaba. Esta supermamá autosuficiente no necesitaba de nuestra ayuda. Recuerdo tener que hacer muy pocas tareas cuando era niña, porque "¡mamá podía hacerlo!".

Tiene sentido ahora, aunque no lo tenía en ese momento, por qué mamá realmente no me quería cerca. Ahora entiendo que ella me amaba mucho más de lo que imaginaba. Si bien quería que su amor incluyera pasar mucho tiempo conmigo como lo hacía mi papá, en lugar de eso, ella pasaba todo su tiempo haciendo cosas *para* mí. Esto incluía horas de investigación sobre mis frecuentes problemas de salud que comenzaban a surgir. Nací con un sistema inmunológico débil, que me llevó a faltar más de treinta días al jardín de infantes. Sin embargo, cuando quería pasar tiempo con ella, mis inquietos intentos por estar a su lado a menudo se encontraban con "estoy demasiado cansada" o "¡eres muy molesta!". De hecho, escuché que era molesta tantas veces, que no fue hasta mucho después de la universidad que pude ver que no molestaba a los demás; fue un miedo constante que había asolado gran parte de mi vida. Al mirar atrás, veo que yo *era* molesta. Era hiperactiva y exigía atención constante, pero en lugar de ver eso como un comportamiento que necesitaba corregir, lo internalicé como algo que estaba mal conmigo.

Mi hermano, en cambio, que era extremadamente callado y obediente (al punto de que casi nunca hablaba, mi hermana muchas veces hablaba por él), obtenía resultados muy diferentes de mi mamá cuando le expresaba su amor. Recuerdo una vez que traté de abrazarla. Ella se encogió de hombros y dijo: "Suéltame, estoy cansada". Me fui triste con la cabeza inclinada, pero me sentí humillada por su reacción cuando mi hermano apareció solo unos minutos después. Él la abrazó como yo lo había hecho, y ella se iluminó como un árbol de Navidad y exclamó: "¡Oh, Bud, te amo!", y le dio unas palmaditas en la mano. A menudo escuchaba cosas como: "Las niñas suelen ser más apegadas al papá, y los varones prefieren a la mamá". Probablemente, sea cierto. Mi papá siempre había expresado mucho amor por mí. Yo era su "pequeño ángel" o "la niña de papá". Mi mamá parecía estar de acuerdo con el hecho de que yo era más apegada a mi papá y no a ella, pero no era así. Yo anhelaba su amor.

No podía entender que se trataba de una diferencia de personalidad. Tampoco entendía cuánto se había sacrificado mi madre por mí y cuánto hacía por mí. Me volví una niña

> *Comencé a desear haber sido uno de mis hermanos. Tal vez mamá me hubiera amado más si hubiera nacido varón.*

amargada y celosa de mi hermano. Empecé a creer que mi mamá amaba a los varones y no a las niñas. Después de enterarme de que sus dos abortos espontáneos antes que yo naciera habían sido varones, comencé a sufrir la culpa del sobreviviente: ¿por qué yo? Recuerdo que cuando me enteré por primera vez dije: "¡Oh, si mis hermanos hubieran vivido, habríamos sido cinco hijos en la familia!", pero uno de mis padres me corrigió y dijo: "No, probablemente no hubiéramos tenido más hijos si alguno de ellos hubiera vivido. Planificábamos tener solo tres hijos".

Lo que probablemente quisieron que yo percibiera como la maravillosa revelación de que Dios me había elegido y tenía un gran propósito para mi vida resultó ser una avalancha de emociones encontradas. Sentí que era una hija no deseada, o tal vez deseada solo porque los otros dos habían muerto. Yo no debí haber nacido. Y lo que mis padres dijeron con la intención de hacerme sentir especial se convirtió en desprecio por mí misma. Si Dios había planeado que yo viviera, mis hermanos murieron por mi culpa. No podía entenderlo todo o tenerlo claro en mi mente, pero comencé a desear haber sido uno de mis hermanos. Tal vez, entonces, no habría sido tan molesta. Tal vez mamá me hubiera amado más si hubiera nacido varón.

CAPÍTULO 2

La búsqueda de significado

A la tierna edad de ocho años, cuando estos sentimientos comenzaban a aflorar, estaba jugando en la casa de mi mejor amiga cuando su hermano, solo un año mayor que yo, me llevó al baño. Lo que pensé que era un simple "te mostraré mis partes íntimas si me muestras las tuyas" se convirtió rápidamente en una experiencia completamente distinta, que alteraría gravemente el curso de mi vida. Abusó de mí, y mi mente joven e impresionable se abrió a un mundo de placer, que nunca antes había conocido. Quería con todo mi ser expresar enojo o miedo tal como habían respondido las niñas abusadas sexualmente, que había visto en la televisión. En cambio, lo disfruté y me culpé porque sabía que estaba mal. Llevé la culpa y la vergüenza toda mi vida por lo bien que me había sentido ese día, hasta casi los treinta y tres años, cuando finalmente le confesé a mi madre lo que había sucedido.

Al día siguiente, regresé a su casa y le pedí que lo hiciera de nuevo, pero me sorprendió cuando se negó. Tenía miedo de que nos atraparan, y dijo: "Además, así se hacen los bebés.

¡No quiero que quedes embarazada!". Me quedé atónita con esa información. Yo vivía en una burbuja de cristal en comparación con él. Sin saber nada sobre el embarazo, la pubertad o la gestación, pasé los siguientes dos años preguntándome si estaba embarazada.

Ahora le tenía mucha envidia. Veía que los varones tenían el poder de retener ese don increíble. Mis celos de los varones en general iban en aumento. De hecho, tuve una relación maravillosa con mi padre cuando era niña hasta el punto de ser "carne y uña", como decía la mayoría. Sin embargo, estaba cegada por los celos a causa del amor que no podía tener.

También comencé a despreciar el hecho de ser una niña. Veía a las mujeres como personas débiles y sin amor, algo que los hombres usaban y desechaban. La relación con mi mamá y mi hermana era distante. Además de las tensas relaciones femeninas en mi casa, no me llevaba bien con las niñas de la escuela y, a menudo, sentía que no era "una de ellas". Esto se debía en parte a que yo era poco femenina y disfrutaba más del atletismo que de las muñecas y las cosas de niñas, mientras que a la mayoría de las niñas les gustaba conversar. Al haber escuchado tanto en casa que yo era molesta, a menudo me preguntaba qué pensarían los demás de mí mientras hablábamos.

Por lo general, me sentía fuera de lugar y rara vez me sentía cómoda en mi propia piel. Cada vez que tenía la oportunidad, comenzaba a fingir que era un varón. Lo manifestaba de varias maneras: jugaba fútbol con los varones en el recreo, me vestía con ropa usada de mi hermano e incluso trataba de imitar la forma en que los varones se ponen de pie delante del inodoro para orinar. Me imaginaba ser como los personajes masculinos de los videojuegos, así como los de las historias que yo escribía.

En particular, solía escribir historias en las que salvaba abnegadamente a mi hermano menor (inspirado en mi osito de peluche, Chris) de padres abusivos. En mis historias, atravesábamos a pie cientos de kilómetros de bosques y montañas nevadas para llegar a un hogar social en Massachusetts, donde siempre nos amarían y podríamos hacer todo lo que quisiéramos. La ironía de esas historias es que muchos años después, cuando tenía diecisiete años, mis padres me dejaron en un hogar social en Montana y me obligaron a vivir allí en contra de mi voluntad. Todos esos años de fantasear con vivir en un hogar social se cumplieron en un cruel giro del destino: no solo me obligaron a vivir como una mujer, sino también como una cristiana. Sin embargo, pasarían muchos años, y mucha rebelión de mi parte, antes de llegar a ese punto. Mi familia a menudo se preocupaba por mi apego antinatural a ese oso de peluche al que me aferré incluso en mis años universitarios. La verdad es que ese oso era la única "persona" en todo el mundo que conocía mis secretos. Me conocía como varón: conocía mi verdadero yo. De hecho, no fue hasta que comencé a hacer la transición a una identidad masculina, que finalmente puse el oso en el estante.

De hecho, quizás fueron esas historias las que contribuyeron a mi creencia profundamente arraigada de que yo era un varón. Puedo ver dónde comenzaron esos pensamientos, pero, por otro lado, pasé numerosas noches escribiendo y fantaseando sobre mí misma como un varón. Y no solo como un varón común y corriente, sino uno heroico al que su hermano pequeño necesitaba desesperadamente. Este otro yo me permitía escapar de la realidad de quién era yo. Podría parecer inocente, pero no lo era. Me robaron la inocencia el día que abusaron de mí.

PROBLEMAS DE SOBREPESO

Al año siguiente, cuando tenía nueve años, un varón de trece comenzó a enseñarme varias cosas sexuales. Nuestros hermanos mayores jugaban fútbol juntos, y ambos asistimos al partido ese día. El niño me pidió que diera un paseo con él por el bosque cercano. Se sorprendió de que solo tuviera nueve años, ya que parecía mucho mayor. Sin ninguna intimidación por mi corta edad, empezamos a besarnos. Me sentí tan culpable por lo que había hecho, que no pude mirar a mi papá a los ojos cuando regresamos. Estaba segura de que, de alguna manera, él lo sabía. Bebí tanta agua como pude, por miedo a que mi padre pudiera oler el aliento de ese chico en mí. Mientras conducíamos a casa, por primera vez en mi vida no podía esperar para alejarme de la persona que tanto me amaba. Tal vez fue la culpa de ese incidente lo que comenzó a abrir una brecha entre mi padre y yo. Me sentía sucia.

Aunque nunca llegué tan lejos como la primera vez, me estaba volviendo adicta a sentirme bien sexualmente. Empecé a buscar experiencias sexuales e incluso trataba de seducir a mis amigos, tanto varones como mujeres, cada vez que se presentaba la oportunidad. Afortunadamente, por la gracia de Dios, aumenté mucho de peso cuando tenía doce años, y estoy convencida de que eso me impidió lastimar a muchos otros niños o tener una relación abusiva con un pedófilo. Sin embargo, para mi vergüenza, recuerdo haber abusado sexualmente de al menos dos de mis amigos antes de ese momento, y continuaría siendo demasiado promiscua en mi adolescencia. Además, expuse a varios otros niños a pensamientos o ideas sexuales.

Empecé a fantasear cada vez más con cosas sexuales. Estaba desesperada por experimentar el sexo otra vez; pero alrededor de los trece años, mi vida comenzó a ir cuesta abajo. Ahora había quedado totalmente afuera del radar de los varones. Ya eran demasiado mayores para quererme como amiga, y yo tenía demasiado sobrepeso para que me buscaran como novia. Aquellos que mostraban algún interés en mí eran objeto de burlas sin descanso por salir con una chica gorda. No podían saber la profundidad del dolor que sentía por mi sobrepeso. A diferencia de otros con sobrepeso, yo no consumía mucha comida chatarra. Mi mamá nos había puesto a todos en una dieta bastante estricta, y yo hacía mucho ejercicio, la mayor parte del tiempo practicaba varios deportes. Sin embargo, seguía aumentando de peso.

Al acecho, bajo la superficie de mi sobrepeso externo, había un problema mucho más serio: las hormonas. Además de mi sistema inmunológico débil y mi tiroides de bajo funcionamiento, mi sistema femenino no funcionaba bien. Lo cual estaba bien conmigo, pues no quería que funcionara. Comencé con mi primer ciclo menstrual cuando apenas tenía diez años en una competencia de ejercicios bíblicos, un día que llevaba puestos unos pantalones cortos de color caqui. Me sentí tan humillada ese día, que nunca más quise que esa parte de mi cuerpo volviera a funcionar. Odiaba mi sistema femenino. Así que, para mi deleite, años más tarde comencé a experimentar problemas que me llevaron a tener cada vez menos ciclos menstruales. Mi mamá, la siempre lista Sra. Remedios, también estaba decidida a remediar esto. Le supliqué que no le diera importancia; pero, en lugar de eso, me llevó a un médico tras otro, me sometió a exámenes y probó con diferentes medicamentos. Esas humillantes visitas a menudo implicaban hablar con extraños sobre una parte de mí que estaba tratando de fingir que no existía. Si bien ahora reconozco que fue un acto de amor que tratara de buscar un remedio para mi sistema femenino (que, a pesar de mis sentimientos, era lo correcto), me enojaba y me amargaba. No quiero decir que preferiría que no hubiera intentado buscar un remedio, sino que hubiera querido que intentara descubrir por qué estaba tan decidida a dejar que no funcionara.

Un médico que parecía no tener buen trato con los pacientes, o que tal vez se había olvidado del lado humano de sus pacientes, me dijo que tendría dificultades para quedar embarazada. Habría sido difícil de escuchar para una mujer adulta, pero yo solo tenía catorce años. Estaba devastada. Me habían diagnosticado síndrome de ovario poliquístico (SOP). Por mucho que no quería ser una mujer, estaba indignada porque tenía que pasar por todo eso y ni siquiera iba a poder tener hijos. Estaba más decidida que nunca a no querer tener nada que ver con el sistema reproductor femenino, pero mi mamá no lo dejaría así. Ella sabía que no era saludable para mí dejar ese problema sin tratar. Y, además del mal funcionamiento de mi sistema reproductor femenino, sentía un fuerte dolor abdominal todos los días. Esos episodios, que llamamos "ataques estomacales", eran tan graves que en ocasiones me caía de la silla y me retorcía en el piso. A menudo comenzaban a media mañana y, por lo general, duraban hasta alrededor de las seis de la tarde.

Durante ese año, me volví cada vez más suicida. No solo soportaba un dolor extremo todos los días, sino que no era de las chicas populares, tenía mucho sobrepeso y pocos amigos. Una noche, el sufrimiento emocional era tan abrumador que me dio un fuerte dolor de cabeza de tanto llorar. Fui al botiquín, abrí un frasco de analgésicos y me puse un puñado entero (alrededor de una docena) en la boca. Realmente no pensé que me mataría, aunque esperaba que lo hiciera, pero no teníamos nada más fuerte en la casa, que yo supiera. Solo quería que el dolor desapareciera, pero en lugar de eso, terminé con un fuerte dolor de estómago.

Al año siguiente, mi vida pareció dar un giro providencial, y pensaba que seguramente ahora sería capaz de escapar de este par de años dolorosos e incómodos y fingir que nunca habían sucedido. Me había integrado a un equipo de fútbol mucho más competitivo, y descubrí que al correr mucho por fin podía perder peso. Ahora no solo jugaba fútbol competitivo, sino que también me había reincorporado al equipo de natación y además estaba en el equipo de atletismo. Este equipo me había expuesto a un mundo maravilloso completamente nuevo del que nunca había tenido conocimiento, y era como si me hubieran recreado. De repente, me encontraba dentro del "grupo popular". ¡No podía creerlo! Comencé a almorzar con los más populares de la escuela y tenía más amigos de los que probablemente había tenido en toda mi vida. Los chicos más lindos de la escuela ahora me prestaban atención.

DENTRO DEL GRUPO POPULAR, FUERA DE LA IGLESIA

Durante estos años de secundaria, nuestro grupo de jóvenes de la iglesia estaba comenzando a pasar por su momento más difícil en la historia reciente de la iglesia. Cuando entré al grupo de jóvenes en séptimo grado, le pidieron a nuestro ministro de jóvenes que abandonara la iglesia. Nuestro ministro de música se hizo cargo también de dirigir el grupo de jóvenes, pero al no estar capacitado en el cuidado pastoral, se concentraba mucho más en la diversión que en el discipulado. Cuando él también se fue de la iglesia, pusieron a cargo a un joven pasante. Aunque lo amábamos, tuvo que regresar a la universidad y nuevamente nos quedamos sin un ministro de jóvenes. Mientras tanto, el grupo de jóvenes se estaba desintegrando. La mayoría de nosotros no conocíamos al Señor personalmente. Muchos de los jóvenes bebían e iban a fiestas el sábado por la noche, y luego asistían al grupo de jóvenes los domingos y miércoles por la noche como si fueran muy espirituales. Nuestro grupo de jóvenes llegó a conocerse como el mayor grupo de hipócritas de la ciudad. Las relaciones dentro del grupo se habían vuelto exclusivistas, y los de afuera no eran bienvenidos.

Empecé a buscar otro grupo de jóvenes de iglesia donde me sintiera parte. Visité varios con mis nuevos amigos populares de la escuela, pero descubrí que sus grupos de jóvenes estaban espiritualmente tan vacíos y eran tan falsos como el mío. Curiosamente, el grupo al que asistían mis amigos populares de la escuela era el que menos me gustaba. Era una especie de club social para los adolescentes de las familias acomodadas de la ciudad, y aunque me permitían asistir, nunca llegaría a ser "uno de ellos".

Justo cuando esta nueva identidad popular parecía ser mi verdadero yo, "me movieron el piso". Un día me di cuenta de que, mientras nos dirigíamos a un almuerzo escolar fuera del campus, todos mis amigos se fueron sin mí, aunque les pedí que me esperaran. Traté de pasarlo por alto y pensar que simplemente no se habían dado cuenta de que se habían ido sin mí. Sin embargo, unos meses más tarde supe que había sido intencional cuando una de mis "amigas" se rio de mí cuando le di un regalo de Navidad. Ella y una amiga se alejaron, riéndose por lo bajo, de cómo había pensado que éramos amigas. Descubrí que otra de mis amigas era amable conmigo solo porque su mayor objetivo en la vida era ser la reina de la fiesta de bienvenida. Trataba desesperadamente de mantener mi estatus con ellos y asistir a su grupo de jóvenes, pero con el tiempo tuve que enfrentar el hecho de que tampoco era bienvenida allí. Simplemente, no era uno de ellos.

Me alejé del grupo popular y renuncié al equipo de atletismo, y busqué refugio en las chicas de mi equipo de fútbol, un grupo más humilde, que parecían tener los pies sobre la tierra. Finalmente, me sentí parte. Podía relacionarme con chicas del grupo de fútbol. Una noche, en octavo grado, tuvimos una fiesta de pijamas en la casa de una de las chicas, que también asistía a mi iglesia. Ese era, sin duda, un entorno seguro; pero allí me llevarían por un camino aún más oscuro. Esa noche estuve expuesta a lo que parecía una diversión inocente, pero abrió mi vida a fuerzas espirituales oscuras. Me sorprendí cuando mi amiga sacó una tabla

Ouija de su armario. Sé que muchas personas pueden burlarse de esa tontería y afirmar que es solo un juego, pero esa noche creo que los demonios reales entraron en mi vida y quedó demasiado evidente en los próximos años.

Además de la tabla Ouija, intentamos realizar hechizos que habíamos visto en una película. Cuatro chicas de catorce años pudimos levitar con éxito a nuestra compañera de equipo con solo tocarla levemente con la punta de los dedos. No podía explicar cómo había funcionado a no ser que hubiera demonios reales en la habitación con nosotras aquella noche.

Resulta ser que se quedarían conmigo por mucho más tiempo que solo aquella noche.

CAPÍTULO 3

La invasión de las tinieblas

Mi vida estaba tomando un giro oscuro y peligroso, por un callejón siniestro de odio absoluto a Dios, que finalmente me conduciría a la rebelión. Pronto comenzaría a huir de Dios y de mi familia en un proceso que duraría casi veinte años. Ahora, a los quince años, mi primer año de secundaria, todas las piezas encajaban perfectamente en su lugar por primera vez en mi vida. Una vez más practicaba deportes en la escuela, lo que me hacía sentir importante y solidificaba mi identidad como una auténtica atleta. Desde la infancia, mis ojos se habían llenado de visiones del estrellato atlético y estaba bien encaminada, al menos según mi perspectiva. Desde el principio, había sido una de las estudiantes de primer año más prometedoras, ya que había hecho cinco goles a la guardameta sénior en las pruebas. Soñaba con algún día ser una futbolista famosa y jugar de manera profesional.

Una vez más tenía amigos, pero el mayor cambio fue que, después de haber adelgazado durante el último año, los muchachos me deseaban por primera vez en varios años. De hecho, tuve varios novios ese año. Ahora, no solo me galanteaban o se fijaban en mí, sino que también me deseaban y trataban de que saliera con ellos. Atraer la atención de los muchachos me empoderó, pero solo alimentó mi orgullo y mis deseos sexuales.

Empecé a sentirme más cómoda con mi cuerpo a medida que se convertía en objeto de deseo. Sin embargo, tenía problemas para mantener un novio. Desesperada por esa seguridad, era muy dependiente y me aferraba a ellos con tanta fuerza que los espantaba. Después de varios meses, lo que parecía haber sido el pináculo de mi vida hasta ese momento, había llegado a la cima y ahora me estaba viniendo abajo. El año que comenzó tan prometedor, cuando había encontrado una nueva identidad al ser admirada como atleta y deseada físicamente, estaba comenzando a desmoronarse. Mi identidad era solo una máscara de papel maché. Estaba tan destrozada emocionalmente por los novios que me dejaban y tan obsesionada con mantener mi imagen corporal, que combinaba ejercicio extremo con poca comida. Jugaba en el equipo de fútbol de la escuela, así como en un equipo competitivo de la ciudad, corría por las mañanas, levantaba pesas antes de ir a la escuela y, a menudo, daba vueltas adicionales después de la práctica casi sin comer. Con frecuencia comía muy poco en el almuerzo, y solo una pequeña bolsa de *pretzels* durante el quinto período.

Para el semestre de primavera, apenas podía seguir el ritmo de las chicas más lentas del equipo de fútbol. No solo no estaba consumiendo suficiente comida, sino que los problemas de salud, que acechaban bajo la superficie, estaban reapareciendo. Sufría de fatiga extrema y apenas tenía energía para correr. En un año, había pasado de ser una jugadora titular prometedora a casi ser expulsada del equipo. Ahora pasaba la mayor parte de mi tiempo jugando al fútbol, y mi entrenador me gritaba en los oídos que no estaba jugando tan fuerte como debería o corriendo lo suficiente en la práctica. Junto con la fatiga también vinieron las calificaciones bajas, algo que nunca me había pasado.

El próximo semestre, no fue una sorpresa para nadie cuando no formé parte del equipo. Podría haber sido mejor jugadora que cualquiera en las pruebas, pero sabía que el entrenador preferiría que no me presentara. Aplastada por la abrumadora realidad de que mis sueños de estrellato en fútbol se habían acabado, me quedé con la única otra área de mi vida donde había encontrado algún significado: los muchachos. Al menos ahora tenía una buena imagen corporal, y presumía de ella. Ahora tenía un nuevo novio y, después que me dejaran varias veces el año anterior, esta vez estaba decidida a que este no se me escapara.

Empezamos a participar de varios actos sexuales, y yo le daba todo lo que él quería y más. A menudo yo era la que tenía la iniciativa, con el razonamiento de que eso le daría satisfacción y así no me dejaría. Empezó a asistir a la iglesia conmigo (mis padres aún me obligaban a asistir), y aunque mi corazón era duro como una roca hacia Dios, el suyo, al parecer, era mucho más tierno. Un domingo, al sentir convicción de pecado, le dijo a nuestro maestro de escuela dominical lo que habíamos estado haciendo. Estaba mortificada y me sentí traicionada. ¿Cómo pudo haberme hecho eso? Por suerte, el maestro no se lo comentó a mis padres, e invité a mi novio a volver a nuestras viejas costumbres. Una noche lo convencí de que necesitábamos comprometernos para casarnos. Estaba segura de que eso sellaría el trato y aseguraría la continuidad de la relación. Estaba decidida a que no me volvieran a romper el corazón.

Durante meses disfruté de esta nueva identidad: una joven comprometida para casarse. Había comenzado a guardar los pensamientos de querer ser hombre en los rincones polvorientos de mi memoria, siempre y cuando uno me amara. Sin embargo, tampoco sería ese el momento. Me sentí desolada cuando, poco después de cumplir sus dieciocho años, mi prometido rompió la relación. Aunque yo tenía dieciséis años, la edad legal aprobada en Oklahoma, él tenía miedo de que lo arrestaran por violación de menores. Ese mundo perfecto de futura felicidad conyugal se derrumbó. Los sueños de alcanzar el estrellato de fútbol y tener un esposo ahora se ahogaban en el lodo del desánimo; estaba devastada. Ya no encajaba en el grupo de jóvenes porque mis hazañas sexuales me habían alejado de ellos, ya no tenía deportes por los que me admiraran y elogiaran, y ya no tenía un novio que me amara.

Había comenzado a guardar los pensamientos de querer ser hombre en los rincones polvorientos de mi memoria, siempre y cuando uno me amara.

Según parece, al no haberme dado cuenta de que gran parte de mi dolor era la consecuencia natural de mi propio pecado, culpé a Dios por toda la miseria que había acumulado sobre mí misma. También culpé a mis padres. Era más fácil culpar a mis padres por mi sufrimiento. Tal vez era porque mis hermanos no respondían a mi sufrimiento: no les importaba. Sin embargo, cuando decía algo hiriente a mis padres, podía ver el dolor en sus ojos. Podía hacer que alguien sintiera el dolor que yo había experimentado. Entonces aprendí que lastimar a quienes me amaban tenía más impacto.

NUNCA MÁS TE VOLVERÉ A SERVIR

Durante mi segundo año, había tomado una clase de religión mundial donde aprendí sobre budismo, hinduismo y muchas otras religiones. Empecé a preguntar sinceramente a mis padres y a otras personas de la iglesia: "¿Por qué Jesús es el único camino al cielo?". Mi fe había estado al borde del abismo durante años. Mi cabeza estaba llena de conocimiento bíblico, pero nunca fue real para mí. No sabía *por qué* creía lo que creía. Parecía vacío y sin sentido, y la Biblia no era más que un libro de reglas que debías seguir.

Sin embargo, por mucho que lo intenté, fue en vano convencerme de que Dios no existía. No pude echar por tierra el profundo conocimiento de la existencia de Dios. Me identificaba con los escritos de Voltaire que leíamos en clase. Él dijo: "¿Qué es la fe? ¿Es creer lo que parece evidente? No, a mí me parece evidente que existe un Ser necesario, eterno, supremo e inteligente, pero esto no es fe, es raciocinio".[1] Yo había llegado a una conclusión similar. Sabía intelectualmente que había un Dios; pero, dado que estaba enojada con Él, decidí que debía ser cruel y distante. Me imaginé que Dios había creado el mundo, pero por algún placer egoísta, estaba dejando a la humanidad abandonada a su propia suerte en la miseria y la destrucción. Veía a Dios a través de los ojos de los muchos novios que había tenido, que me habían usado y desechado. Creí que Dios nos usaba para sus propósitos, pero consideraba que esos propósitos eran egoístas y no buenos.

De modo que el resultado natural de esa creencia fue un odio furioso hacia Dios y hacia todo lo que me habían enseñado acerca de Él. Así que, un día, mientras caminaba por el pasillo de la escuela, a la edad de dieciséis años, tomé una decisión fatídica: le dije a Dios que nunca más lo serviría. De buena gana y deliberadamente me alejé de la religión que me habían enseñado toda mi vida. Ese día fue liberador para mi alma, al menos eso creí. Me sentí empoderada: si Dios ya no tenía el control de mi vida, nadie más lo tenía. Iba a hacer mi

---

1. M. De Voltaire, *Philosophical Dictionary*, "Faith" (Boston: J. G. Adams: 1836). Publicado en español con el título *Diccionario filosófico* por varias editoriales.

propio camino e iba a hacer lo que quisiera. Y estaba más decidida que nunca a lastimar a Dios y a mis padres, a quienes culpaba de mi corazón roto.

Como resultado, tomé la decisión consciente de pecar de todas las formas posibles, de hacer todo lo que mis padres me habían enseñado que Dios dijo que no hiciera.

Los siguientes años continuaron mi descenso, mientras corría hacia las puertas del infierno y pisoteaba a los que me amaban. Rápidamente, abandoné a mis amigos cristianos y busqué amigos que se complacieran conmigo en mi nuevo estilo de vida. En unas pocas semanas, había atraído la atención de otro muchacho, pero este sería diferente. Esta vez no sería tan inocente. Este me presentó un mundo completamente nuevo de placeres, tal vez como un chico Amish que conoce los placeres del mundo inglés por primera vez. Cambié mi música cristiana por su *rock and roll*, mis refrescos por cerveza y mis dulces por cigarrillos.

> La rebelión me hacía sentir bien, y era gratificante lastimar a otros en lugar de que me lastimaran.

Al principio, todo parecía inocente, como una pequeña expresión de angustia adolescente. Sin embargo, no pasó mucho tiempo antes que me convirtiera en toda una fumadora adicta, la cerveza pasó a ser fuertes bebidas alcohólicas y el *rock* de los 80 se transformó poco a poco en *death metal* y adoración a Satanás, bandas cuyas letras ni siquiera me atrevería a escribir en esta página. Mis pensamientos comenzaron a volverse más y más oscuros. Estaba intrigada por todo. La rebelión me hacía sentir bien, y era gratificante lastimar a otros en lugar de que me lastimaran. Y había poder en las fuerzas oscuras que me rodeaban. Cuando me sentía enojada o herida, si pensaba en eso suficiente tiempo, se convertía en un fuego ardiente dentro de mí, que alimentaba emociones enardecidas como las del extraño caso del Dr. Jekyll y Mr. Hyde.

Durante el segundo y tercer año de secundaria, mis padres perdieron el control total de la hija que una vez había sido amorosa. Apenas era reconocible en mi personalidad. Mi relación con mi mamá y mi papá era cada vez más volátil, y lo poco que estaba en casa a menudo los dejaba al borde de la desesperación con mis gritos y desatinos. Si decían algo que me desagradaba o trataban de restringir mi libertad de algún modo, las fuerzas del infierno se desataban por medio de mi boca. A menudo sentía como si una capucha oscura me cubriera. Me enfurecía de manera incontrolable y me llenaba de tanta ira que quería lastimar a todos los que tenía a la vista. Gritaba hasta que me dolía la garganta. De alguna manera, cada noche todos apoyábamos la cabeza en la almohada con vida, y yo me despertaba a la mañana siguiente como si nada hubiera pasado.

Mis padres estaban perplejos por mis drásticos cambios de personalidad. ¿Era bipolar? Estoy agradecida hasta el día de hoy de que no me hubieran diagnosticado y dado alguna droga para controlar mi personalidad. Pronto todos comprenderíamos que esta era una batalla espiritual que nada tenía que ver con alguna condición médica. Mis padres solo estaban viendo la punta del iceberg. La mayor parte de mi tiempo libre estaba lleno de sexo, alcohol y música satánica. Escondía todo sobre mi vida, tanto como era posible, y cuando me atrapaban, mentía. Y aunque había consecuencias, las desobedecía. Continué rebelándome, al darme cuenta de que mis padres, en última instancia, no podían controlarme. Podrían quitarme el privilegio de conducir, pero me subiría al auto y me iría de todos modos. Podrían prohibirme ver a mis amigos, pero mentiría sobre dónde estaba. Esto, de nuevo, me empoderaba. Yo tenía el control. Mis padres no sabían qué hacer.

Después de casi dos años de fiestas, hacer cosas a escondidas y engaños constantes, estaba colgando sobre el abismo del infierno. Comencé a sentirme perversa y disfrutaba de la maldad que sentía dentro de mí, incluso mi novio y yo jugamos con la idea de encontrar una secta satánica. Sin embargo, después de pasar dos años con el muchacho que me presentó estas cosas, volví a descubrir que el amor no iba a durar. Una vez más, me dejaba alguien con quien creía que me casaría. No tenía ningún tipo de interés en ser una buena esposa, sino que estaba desesperada por obtener un compromiso que creía que me aseguraría no ser abandonada de nuevo. Pensé en el matrimonio como un sello que ataría a mi novio a mí. Aunque ya tenía diecinueve años, me dejó por una de catorce. Enojada y dolida más allá de lo que podía soportar, comencé a pasar todo mi tiempo con mi mejor amiga, Lori. Estaba cansada de que los hombres me lastimaran. Empecé a besarme con ella cuando estábamos ebrias, pero me resultaba muy insatisfactorio. Me atraían un poco las chicas, pero no tanto en el sentido físico; más bien, me intrigaba la idea de tener una novia, una chica a la que le gustaran los chicos.

Quería, desesperadamente, ser el novio que deseaba haber tenido.

SIN SABER MÁS QUÉ HACER

Finalmente, sin opciones e incapaces de controlarme, mis padres me enviaron a vivir con mi tío al noroeste de Alaska durante el semestre de primavera de mi tercer año. No lo dudé. Apenas pensé dónde estaba yendo y si realmente quería vivir allí. Odiaba tanto estar cerca de mis padres en ese momento, que hubiera aprovechado cualquier oportunidad de escapar. Poco sabía que tendría menos libertad a donde iba, no más; pero primero tenía que llegar allí. Ese viaje fue una de las historias más interesantes de mi vida.

Incluso en el estado de ánimo en que me encontraba, pude reconocer que algo estaba tratando de evitar que llegara a ese lugar.

Esa mañana comenzó sin problemas cuando empaqué dos maletas grandes y dos equipajes de mano con la mayoría de mis pertenencias, y mis padres y yo partimos hacia el aeropuerto a una hora de camino. Todo fue como esperábamos: un viaje rutinario a Tulsa, como habíamos hecho muchas veces antes, donde pasábamos el tiempo con conversaciones informales mientras atravesábamos kilómetros de colinas, árboles y campos vacíos. Estoy segura de que el corazón de mis padres estaba apesadumbrado; estaban poniendo la vida de su hija en manos de otro. Sin embargo, yo podía saborear la libertad, a solo unos minutos de dejar de estar bajo su autoridad.

La emoción crecía con cada kilómetro que pasaba a medida que dejábamos atrás el campo que bordeaba la carretera y pasábamos el límite norte de la ciudad hacia el aeropuerto. Hasta que, a menos de un kilómetro de mi tan esperado vuelo de salida de Oklahoma, la transmisión del automóvil dejó de funcionar sin previo aviso y tuvimos que salir de la autopista. Nos quedamos atónitos. *¿¿En serio??* Todos nos miramos profundamente estupefactos. ¿Y ahora qué? Ya íbamos con retraso y sería un largo trayecto a pie hasta el aeropuerto con casi todo mi guardarropa a cuestas. Felizmente, un autobús dobló por la intersección, y le hicimos señas al conductor, que gentilmente nos llevó a la terminal de embarque.

Después que mis padres me despidieron entre un mar de lágrimas, partí hacia mi ansiada libertad. Hice la primera etapa del viaje a Los Ángeles sin incidentes. Sin embargo, el viaje estaba lejos de terminar; no sería un "viaje tranquilo".

Todo parecía estar bien mientras descansaba en mi asiento, a la espera de que subiera el próximo grupo de pasajeros de Los Ángeles. Luego, el capitán anunció inesperadamente que todos los pasajeros debían desembarcar. Estaba muy confundida; debía quedarme en ese avión que iba a Seattle. Era solo la segunda vez que volaba sola, pero estaba segura de que no me bajaría del avión en Los Ángeles. A pesar de mi protesta, la azafata confirmó la orden del capitán. Cuando anunciaron el vuelo alternativo al que me habían trasferido, un cálculo rápido reveló el dilema inevitable: perdería mi vuelo de conexión en Seattle. Resultó ser que un vuelo anterior había experimentado problemas mecánicos, por lo que nuestro avión fue reasignado al vuelo que había estado esperando durante varias horas. No estaba mal, ya que me encontraba disfrutando de la libertad de estar lejos de la familia más que estar ansiosa por llegar a Alaska, pero estaba en aprietos: ese vuelo de conexión era en otra aerolínea.

Aunque en California eran las diez de la noche, para mí era casi medianoche, me había levantado muy temprano esa mañana y no había comido nada desde el desayuno. A pesar de estar exhausta y hambrienta, sabía que primero tenía que ocuparme del vuelo. Después de todos mis años de rebelión y profundo odio por mis padres, hice lo único que sabía hacer: llamé a mi mamá y mi papá para que resolvieran el problema. Los desperté de un sueño profundo y les transmití el inconveniente. Mi mamá entró de inmediato en modo "voy a resolverlo", y prometió hacer algunas llamadas telefónicas. Mientras tanto, fui al mostrador de facturación y le pedí ayuda a la asistente. Como mi vuelo de conexión no estaba en su aerolínea, se negó a ayudar. Ni siquiera se ofreció a llamar a la otra aerolínea por mí. Eso podría haber sido comprensible para un adulto, pero todavía era menor de edad. Y siendo una adolescente narcisista y egocéntrica, me indignó que no atendiera mis necesidades. ¡Necesitaba ayuda! (Estoy segura de que agregué algunas palabrotas que amablemente omitiré aquí).

—Pues bien. ¿Dónde está la terminal de Alaska Airlines? —pregunté.

—Está al otro lado del aeropuerto —respondió la asistente.

No era una distancia pequeña en el aeropuerto de Los Ángeles. En el aeropuerto de Tulsa, al que estaba acostumbrada, habría sido una caminata de cinco minutos. Sin embargo, aquí implicaba una larga caminata, así como un largo viaje en un autobús de trasbordo.

Mientras me dirigía a los confines de uno de los aeropuertos más grandes del mundo, inmediatamente me di cuenta de que había una situación adicional: hacer rodar dos maletas de mano mientras cargaba una mochila, un pesado abrigo de invierno y un viejo osito de peluche bajo mi brazo era una tarea formidable para una jovencita de diecisiete años. Uno de los equipajes de mano en particular tenía la desagradable costumbre de voltearse cuando rodaba una corta distancia, y, al caer de costado, me torcía la muñeca. Después de varios intentos fallidos de llevar todo yo sola, confié mi situación a una pasajera que esperaba el mismo vuelo. Contra todas las reglas y la conciencia inquieta, le dejé uno de mis equipajes de mano (¿adivina cuál?), que dichosamente accedió a vigilar.

Caminé por el largo corredor de la terminal y finalmente salí afuera, donde el aire frío de la noche aguijoneaba mis mejillas. Era Los Ángeles, pero también era febrero. Finalmente, llegué a la terminal opuesta, recibí mi nuevo boleto y regresé a la terminal donde sería mi próximo vuelo a Seattle.

Gracias al arduo trabajo de mi madre, todos los problemas con los vuelos estaban resueltos. No sería una sorpresa para cualquiera que la conociera. Después de muchas discusiones y hablar con la gerencia, mi aerolínea actual acordó pagar un hotel a mi llegada a Seattle, donde tomaría un nuevo vuelo a Fairbanks, Alaska, al día siguiente. *Uf* —pensé—, *me alegro de que haya terminado*. Regresé hasta donde había dejado mi equipaje de mano, solo para encontrar que la pobre alma con la que lo había dejado también tenía conciencia y, lamentablemente, la escuchó. Le había entregado mi rebelde equipaje de mano a la recepcionista, y el personal de seguridad estaba en camino para confiscarlo. Después de mucho suplicar y apelar a mi juventud, me devolvieron mi equipaje de mano con una severa advertencia de que nunca más lo perdiera de vista. Así que, como cualquier adolescente asustada, llevé mis dos equipajes de mano, mi mochila, mi abrigo pesado y mi osito de peluche al mostrador de Burger King, el único restaurante que pude encontrar abierto en esa sección. Finalmente, tenía la cena en la mano, casi demasiado cansada para comerla, pero al final pude descansar. ¡Seguramente el resto del viaje sería pan comido!

Dos horas más tarde, estaba abordando de nuevo el avión. Como disculpa por el retraso, la aerolínea ofreció a todos los pasajeros una bebida alcohólica gratis. Puesto que era menor de edad, no me permitieron ser de la partida; sin embargo, estaba sentada al lado de un caballero que sí lo era. Durante todo el vuelo, me retorcí en mi asiento, tratando de armarme de valor para preguntarle si me hacía el favor de pedirme uno. Cuando finalmente le pregunté, dijo que lo habría hecho, pero que estábamos a punto de iniciar el descenso. Estaba contrariada, pero al menos me estaba acercando a otro descanso para fumar. Después de haber fumado solo un cigarrillo ese día, podía sentir el sabor de la nicotina, y estaba ansiosa por bajarme e ir directamente a la zona de fumadores.

Ahora sí… por fin, pensé, mientras daba largas caladas al cigarrillo y me aferraba a cada bocanada de humo como si fueran los últimos restos de libertad. No sabía si tendría que dejar de fumar cuando estuviera viviendo con mi tío; pero, por ahora, eso era libertad. Estaba sola en el mundo y podía hacer lo que quisiera. Mientras pensaba a dónde iba, no estaba segura de que esa fuera a ser la dicha que había anticipado. No sabía qué esperar. Por otra parte, estaba lejos de mis padres, que ya no me podrían aporrear con la Biblia. Al final, me las arreglé para cargar todas mis pertenencias, que ahora incluían las dos maletas grandes despachadas también, hasta el lugar donde tomaría el autobús de trasbordo. Finalmente, llegué al hotel para registrarme.

El vestíbulo del hotel estaba inquietantemente silencioso y tranquilo; no parecía haber otra alma aparte del empleado del mostrador.

—¿Te gustaría una habitación para fumadores o para no fumadores? —preguntó el empleado.

—Para fumadores, por favor —le dije.

—Lo siento, en realidad no nos queda ninguna habitación para fumadores —respondió, después de unos cuantos clics tintineantes en el teclado.

Estaba contrariada. ¿Cómo no tenían más habitaciones para fumadores? Me señaló una zona cercana al aire libre donde podía fumar, y acepté de mala gana tomar una habitación para no fumadores, ya que no tenía otra opción.

—¿A qué hora te gustaría que te despierten? —preguntó.

—Seis y media, dije abatida al hacer la cuenta de la hora de salida del vuelo del día siguiente.

Ya eran las dos y media de la mañana, pero iba a tener que ser así por esta noche. Al menos podría dormir en el avión mañana. Me miró de una manera que nunca olvidaré, casi como sacado de una película de terror. Se inclinó, me miró directamente a los ojos y dijo:

—Aquí está tu llave; el número de tu habitación es 666.

Me sentí como si estuviera mirando a un demonio a la cara. Estaba asustada. Por mucho que viviera en rebelión y fingiera adorar a Satanás (a decir verdad, me adoraba a mí misma), sabía que la Biblia era verdad. Y en ese momento, estaba más segura que nunca.

Tragué saliva. *¿Estaba realmente en manos de Satanás? ¿Había hecho demasiado para que Dios me salvara?* Por supuesto, no quería ser "salva" en ese momento. Me gustaba mi rebeldía; disfrutaba de mis caminos perversos y malvados. Me gustaba herir a los demás porque me hacía sentir poderosa e invencible. Si lastimaba a otros, ellos no podrían lastimarme, pero sí temía al infierno. Como sea que fuera, estaba exhausta. A regañadientes tomé la llave y me dirigí a mi habitación. Después de un par de cigarrillos más en el patio, finalmente me fui a dormir cerca de las tres de la madrugada. Poco tiempo después, con el sonido a todo volumen del despertador y el teléfono, salté de la cama a las seis y media de la mañana. Rápidamente, volví a empacar y salí.

Sin embargo, me esperaba un duro despertar. Al parecer, el sistema informático de otra aerolínea se había bloqueado esa mañana, y casi todos sus pasajeros habían sido enviados a Alaska Airlines. La mayoría de ellos estaban en fila delante de mí. La fila, que normalmente tenía entre veinte y treinta personas, ahora serpenteaba frente a los mostradores de Alaska Airlines, todo el pasillo hasta el final del siguiente corredor. Esto era antes que fueran comunes los boletos electrónicos, así que tuve que hacer la fila. Mientras estaba allí, aproveché a tomar el desayuno: una feliz consecuencia de la larga fila fue que terminé directamente frente a un puesto de rosquillas de pan y café. Al no tener experiencia en los mecanismos de un aeropuerto, me puse en la fila mientras revisaba febrilmente mi reloj todo el tiempo. Estaba a unas veinte personas del mostrador cuando mi vuelo despegó.

> *Por mucho que viviera en rebelión y fingiera adorar a Satanás (a decir verdad, me adoraba a mí misma), sabía que la Biblia era verdad.*

Una vez más en un aprieto, llamé a mi mamá, que no estaba particularmente feliz y alegre, sino que esta vez fue un poco menos comprensiva con mi situación.

—¡¿Por qué no le dijiste a alguien que tu vuelo estaba a punto de despegar?!

—No sabía que podía hacerlo.

Sin embargo, mi mamá "siempre lista" al rescate, pronto me reservó otro vuelo. Me enfadé mucho cuando me di cuenta de que podría haber dormido varias horas más en el hotel y haber tenido un gran desayuno gratis allí. Pues bien; al menos había podido comprar una rosquilla de pan y me acomodé en un asiento cerca de la ventana mientras esperaba la siguiente etapa del viaje. ¡Alaska, por fin!

Mientras esperaba, mis pensamientos se volvieron perversos cuando comencé a deleitarme con esta libertad recién descubierta. De mi mochila saqué un libro que me había regalado mi ex novio: una autobiografía de Marilyn Manson, cuyas páginas estaban llenas de dibujos de demonios bien detallados. No puedo recordar la mayor parte de la historia de Manson, pero recuerdo que me identifiqué con ciertos aspectos de su vida. Él también se había criado en un hogar cristiano, pero se sentía rechazado por la iglesia, especialmente por no encajar en el grupo de jóvenes. Puesto que tenía algo de experiencia en arte, tomé su fascinación por los demonios y empecé a dibujar uno en particular que parecía un demonio de sexo con un pronunciado órgano sexual. Lo sostenía con orgullo de modo que los que estaban sentados cerca de mí pudieran ver lo que estaba dibujando. Estaba empezando a enorgullecerme de mi lado oscuro. Me sentía poderosa cuando me alimentaba del mal.

No tenía ni idea de qué era ese demonio; pensé que Marilyn Manson lo había inventado. Sin embargo, creo que era un antiguo dios pagano transgénero, que tenía tanto senos como genitales masculinos. Me pareció fascinante estar obsesionada con dibujar una figura de un antiguo dios transgénero.

UNA PEQUEÑA CIUDAD AISLADA

Por fin estaba en el vuelo a Fairbanks, un vuelo agradable y sin incidentes. Cuando abordé el último avión con destino a Kotzebue (ochenta kilómetros al norte del Círculo Polar Ártico), pronto me di cuenta de que, por primera vez en mi vida, me sentía realmente fuera de lugar. Al observar a mis compañeros de viaje, la mayoría de los cuales eran nativos de Alaska, me di cuenta de que yo era una minoría. No era racista, pero nunca había experimentado eso.

Durante la mayor parte del viaje, el paisaje fuera de la ventanilla era blanco hasta donde alcanzaba la vista: nada más que cientos de kilómetros de océano congelado. A medida que nos acercábamos a nuestro destino, vi algo en el paisaje y exclamé: "¡Guau, mira, una pequeña granja de Alaska!". Un hombre a mi lado dijo: "No, eso es Kotzebue". Campanas de alarma sonaron en mi cabeza, y mi corazón comenzó a acelerarse. *¿A dónde me dirigía?* De repente preferí descartar ese pensamiento. No podía creer lo diminuta que se veía la ciudad desde el aire y lo aislada que estaba de todo lo demás. No era así como me había imaginado Alaska. Años antes, mi tío había vivido en una isla increíblemente hermosa frente a la costa sur de Alaska, ¿por qué no podíamos vivir allí? Sin embargo, por ahora no podía hacer nada.

Mi tío, mi tía y mi primo estaban allí para recibirme en el aeropuerto de un solo salón ubicado a solo unos metros de la pista. Incluso, como una adolescente endurecida y egocéntrica, tuve que admitirlo: mi primo de dos años y medio, cabello rubio y ojos azules se había ganado mi corazón rápidamente, y mi duro exterior comenzó a derretirse un poco. Eran alrededor de las cinco en punto de la tarde, hora de Alaska (día dos de mi viaje), por lo que eran las ocho de Oklahoma. Después de unas cuarenta horas de viaje, solo tres horas de sueño y poquísima comida, estaba exhausta y hambrienta. Todo lo que quería era un pequeño refrigerio e irme a dormir. Sin embargo, mi tío, emocionado por mi llegada, quería llevarme a dar un gran recorrido por la ciudad de treinta y seis kilómetros cuadrados.

Después de lo que pareció una eternidad mientras pasábamos por edificios monótonos, sencillos, cubiertos con revestimientos de metal, coloreados por los comentarios de mi tío sobre los negocios que contenía cada uno, dobló una curva demasiado cerrada y patinó hasta caer en una zanja. Estaba avergonzado y perplejo; en muchos años de vivir en Alaska nunca le había sucedido eso. En esa parte de Alaska, hay nieve en cada centímetro de las carreteras desde (por lo general) septiembre hasta finales de mayo o principios de junio, lo que redunda en calles resbaladizas y bancos de nieve de hasta tres metros de altura a ambos lados de la carretera. En pocas palabras, era un conductor experimentado en la nieve; pero allí estábamos: atrapados. Le tomó casi dos horas a una "excavadora", como la llamó mi primo pequeño, sacarnos. Él, por supuesto, estaba lleno de emoción. Su prima Laura de Oklahoma había venido a vivir con ellos y ahora tenía una experiencia cercana y personal con una excavadora, toda una aventura para su tierna edad.

Finalmente, llegamos a casa; pero ese viaje había estado lleno de más problemas de los que jamás había conocido. Parecía claro, al menos para mi mamá y para mí, que Satanás estaba tratando de impedir que yo estuviera allí. ¿Pero por qué? Realmente nunca lo sabré. No obstante, en los próximos meses se desarrollaría una batalla espiritual que revelaría el problema real en el que me encontraba, y era mucho peor de lo que mi familia había percibido anteriormente o estaba dispuesta a admitir.

NUEVO LUGAR, LA MISMA CHICA

Al principio, la vida con mi tía y mi tío era agradable. Disfrutábamos de ponernos al día acerca de nuestras vidas y las noches estaban llenas de risas e historias, mientras mi tío, uno de los mejores narradores que he conocido, entretenía a la familia alrededor de la mesa. Sin duda, era el comediante de la familia, y siempre había sido mi pariente favorito. Mi tío tenía una alegría contagiosa. Si yo tan solo hubiera entendido la verdadera fuente de esa alegría.

Sin embargo, después de un par de días de aclimatarme a la zona horaria diferente y al nuevo entorno, llegó la hora de ir a la escuela. Me habían matriculado en la escuela secundaria Kotzebue, ubicada a menos de dos kilómetros de la casa. Hay un dicho en Oklahoma: "Puedes sacar al niño del país, pero no puedes sacar al país del niño". Aparentemente, esto también es cierto para aquellos que viven en pecado: "Puedes sacar a la niña de la ciudad donde vive en pecado, pero no puedes quitar el pecado de la niña", al menos no sin el poder de Jesucristo, que en ese momento estaba lejos de mi interés. En cuestión de minutos, al parecer, tenía una nueva amiga cercana, Terri, que era de Nuevo México. Nos unimos porque éramos las dos chicas blancas de la zona de los cuarenta y ocho estados contiguos de Estados Unidos.

No obstante, ella sería "una mala noticia", como diría mi familia. El primer día, no solo nos hicimos amigas rápidamente como si hubiéramos sido amigas durante años, sino que además conocí a toda la pandilla de sus amigos, algunos de los chicos más problemáticos de la escuela. En este pequeño grupo rebelde, había tres muchachos, los cuales estaban involucrados en drogas y jolgorios. No pasó mucho tiempo antes que estuviera fumando y participando de las drogas y de parrandas otra vez. Sin embargo, gracias a Dios no teníamos acceso a mucho alcohol ya que Kotzebue estaba en un condado de "ley húmeda". A diferencia de un condado de "ley seca" donde el alcohol es totalmente ilegal, en el condado de "ley húmeda" el consumo de alcohol es legal, pero es ilegal comprarlo.

Ahora pasaba la mayor parte de mi tiempo con jóvenes que odiaban a Dios, vagueaban en la escuela e incluso estaban incursionando en las drogas. Es un fenómeno misterioso que quienes participan de ciertos pecados se sienten atraídos unos hacia otros. Me recuerda al viejo refrán: "La miseria busca compañía". Es igualmente cierto, que "el pecado busca compañía". Nos habíamos sentido atraídos el uno hacia el otro como si se hubiera formado un vínculo sobrenatural cuando entré al salón ese primer día de clases. En el libro de Romanos, después de dar una larga lista de características que describen a aquellos que rechazan a Dios, Pablo dice:

> Saben bien que, según el justo decreto de Dios, quienes practican tales cosas merecen la muerte; sin embargo, no solo siguen practicándolas, sino que incluso aprueban a quienes las practican (Romanos 1:32, NVI).

La palabra traducida "aprueban" tiene el sentido de "aprobación de todo corazón", lo que sin duda fue mi caso. Eso estaba sucediendo en mi vida, y puede explicar por qué todos los adolescentes rebeldes andan juntos. Quizás se deba un poco a la presión de los compañeros, pero me atrevería a decir que la rebeldía empieza en el corazón y no por la presión de los amigos en muchos casos.

Terri y yo también trabajábamos en el supermercado del pueblo donde mi tío era el carnicero. Había convencido al gerente de la tienda para que me contratara antes que llegara. El trabajo era muy sencillo y pasaba gran parte del tiempo en una pequeña oficina donde ingresaba datos de los nuevos productos en la computadora. Este trabajo era mucho más fácil que mi trabajo minorista anterior y disfrutaba de la libertad de ir y venir cuando quisiera, sin tener que cumplir con un horario fijo. Se me permitía trabajar las horas que quería siempre y cuando hiciera el trabajo. La libertad se volvió como una droga para mí, y comencé a despreciar cualquier regla o cualquiera que intentara darme órdenes. Al trabajar juntas y estar juntas en la escuela, Terri y yo nos volvimos inseparables, y mis sentimientos comenzaron a confundirme e incomodarme. Me estaba enamorando de Terri. Había una parte de mí que no entendería durante años que quería una novia y, sin embargo, me atraían sexualmente los hombres; pero había algo en ella…

Hacia el final del año escolar, Terri y uno de los varones de nuestro grupo iban al baile de graduación y querían ir con otra pareja. Otro chico del grupo, Leo, me invitó a ir con él. Mi tío se negó rotundamente. ¡No lo podía creer! Hacía casi un año que no tenía novio, y estaba desesperada por que alguien se fijara en mí otra vez. No sabía por qué no le gustaba Leo, pero mi tío me prohibió ir al baile de graduación con él. Así que, hice lo que cualquier adolescente egoísta haría en mi situación: mentí y fui con él de todos modos.

Terri y yo sabíamos que los chicos planeaban llevarnos a algún lugar después del baile de graduación para tener sexo, y yo estaba emocionada de volver a sentir el placer carnal después de haber estado privada de eso durante tanto tiempo. No recuerdo lo que sucedió, pero por alguna razón decidimos ir cada uno a su casa a pasar la noche. No supe hasta más tarde que mi tío no quería que saliera con Leo porque era VIH positivo. Dios me salvó una vez más de contraer SIDA (se rumoreaba que uno de los chicos con los que había tenido relaciones sexuales en la escuela secundaria era VIH positivo).

NO MÁS PAZ

Las cosas en la casa de mi tío comenzaron a deteriorarse. Mi tío empezó a notar mi comportamiento errático y que, detrás de la fachada de niña buena que mostraba delante de él, había un lado mucho más oscuro. Empezó a ver espíritus demoníacos que se manifestaban en la casa. Según mi mamá, él le había dicho que escondía dibujos de demonios debajo de mi colchón. Solo recuerdo el que dibujé durante mi viaje de Oklahoma a Alaska, pero hay algunos detalles de mis encuentros demoníacos que no recuerdo en absoluto. Además, le contó un inquietante encuentro del que no me enteré hasta pasados varios meses. Le había explicado que, cuando salí de la ducha un día, el demonio de mi cuaderno se dibujó en el vapor del espejo. Este es uno de los muchos detalles y experiencias que no recuerdo. Tal vez fue en un trance que lo dibujé, o tal vez un espíritu demoníaco lo dibujó; nadie lo sabe con certeza, pero algo era seguro: no estábamos solos en la casa.

Poco tiempo después, mi tío y yo tuvimos una acalorada discusión, que evocaba las peleas y gritos que solía tener con mi mamá. Y, de la misma manera que con esos incidentes, después no la recordé. Según su testimonio de aquella noche, bajé las escaleras y salí de la casa en un ataque de ira. Mientras lo hacía, pasé junto al gato bien regordete y saludable, que cayó muerto en las escaleras a mi lado. No me di cuenta de lo que había sucedido hasta que regresé a casa. A menudo, durante esos ataques de ira, no era consciente de nada más que de la emoción. Irónicamente, el nombre del gato era Paz: el demonio ciertamente estaba tratando de aniquilar la paz de nuestro hogar. Regresé a la casa una hora más tarde después de desahogarme, pero no podía abrir la puerta principal porque algo la estaba trabando. Así que levanté la voz y llamé a los que estaban adentro: "Oigan, parece que hay una caja que está trabando la puerta; ¡déjenme entrar!".

"Es Paz", exclamó mi primo pequeño para aclararme de qué se trataba. Otra vez en mi estado mental normal, me quedé estupefacta. El gato había estado bien hacía una hora.

Después de esa experiencia, mi tío estaba seguro de que había una presencia demoníaca en la casa, de alguna manera adosada a mí. Puesto que había crecido en una iglesia bautista, él no tenía ninguna preparación en este nivel de guerra espiritual, y al estar en el noroeste de Alaska, a casi cincuenta kilómetros sobre el Círculo Polar Ártico, no había exactamente una gran cantidad de recursos a los que podía acudir. Así que, con humildad, me preguntó si podía orar por mí para expulsar al demonio. Estuve de acuerdo, ya que generalmente había tratado de mantener la paz con mi tío, aunque no estaba interesada en Dios ni en la oración. Mientras oraba de forma continua —apenas escuchaba su oración simple, pero ferviente—, en mi interior, yo le pedía con firmeza al demonio que no me dejara. Mis pensamientos se vieron interrumpidos abruptamente cuando me miró después de unos quince minutos y, con gran tristeza en sus ojos, señaló: "Dios me dijo que no quieres dejar ir al demonio".

¡Me quedé atónita! *¿Cómo podía saberlo?* No sabía que Dios podía hablar a personas de esa manera. Entonces supe que no podía esconderme de Dios. De hecho, Él conocía mis pensamientos. Yo pensaba que después de unos minutos mi tío creería que el demonio se había ido y que podríamos volver a la vida normal, pero mi tío tenía razón. La verdad era que me gustaba el demonio. Nunca lo había visto, pero podía sentirlo. Me sentía poderosa e invencible. Y, a diferencia de los chicos que me habían dejado repetidamente a lo largo de los años, el demonio no me había dejado. Era una manera de estar segura de que nunca estaría sola. Sin embargo, solo Dios podía ser verdaderamente fiel y nunca abandonarme, no un demonio. Lamentablemente, no lo sabía entonces. Todavía tenía que descubrir que Dios me estaba ofreciendo todo lo que yo buscaba ardientemente.

Mi tío preguntó en un susurro desesperado, aferrado a la esperanza de haber oído mal a Dios: "¿Quieres dejarlo ir?".

Ni con todo mi orgullo pude obligarme a decírselo a mi tío que, a pesar de mi narcisismo, realmente le tenía cariño. Tal vez no tenía por él un amor abnegado, como el amor *ágape* de Dios; pero, en realidad, nunca había conocido mucho a mi familia extendida. Nunca habíamos vivido cerca de tías, tíos, primos, abuelos o cualquier pariente que no fuera de nuestro núcleo familiar. Veíamos a algunos una o dos veces al año, y a la mayoría de ellos solo una vez cada par de años. Esto era lo más cerca que había estado de la familia extendida en toda mi vida. Entonces, solo hice un gesto de negación con la cabeza. Con lágrimas en los ojos, mi tío suspiró y dijo: "Está bien". No sabía qué hacer.

Mientras subía las escaleras hacia mi habitación, mis pies eran tan pesados como botas de hierro. Lo había decepcionado profundamente, a este hombre que me hizo sentir más amada que nadie en mi familia, a excepción de mi padre. Sin embargo, no estaba lista para renunciar al estilo de vida que amaba. No obstante, me había llegado al corazón en esos cuatro meses, más de lo que jamás hubiera imaginado. Tristemente, murió años después a causa de un cáncer de páncreas antes de verme volver a Cristo. Sin embargo, el año que siguió a mi tiempo en Alaska le daría alguna esperanza.

> Todavía tenía que descubrir que Dios me estaba ofreciendo todo lo que yo buscaba ardientemente.

CAPÍTULO 4

Un cambio de mentalidad, pero no de corazón

Mi tío supo entonces, creo, que no podía hacer que yo cambie. Sus intentos por mostrarme la luz de Cristo habían fallado hasta donde él sabía. Sin embargo, él tendría una profunda influencia sobre mi vida. Durante el tiempo que trabajé en el supermercado, habíamos entablado numerosas conversaciones en el sector trasero de su carnicería. Normalmente, no era mi idea de diversión pasar casi una hora en la carnicería solo para escapar del frío brutal de las heladas temperaturas de Alaska. En el interior, a menudo se sentía como si la ventana estuviera abierta de par en par hacia las calles nevadas. Sin embargo, por mucho que odiara escuchar el nombre de Jesús (y estar parada en el frío), había algo que me atraía hacia mi tío.

Mientras el hedor de la carne cruda impregnaba el aire e invadía mis fosas nasales, me contó su propia experiencia de conversión cuando trabajaba en Texas: el día que se arrodilló en su cámara frigorífica y le entregó toda su vida a Cristo. Se sentó sobre el suelo helado y le abrió su corazón a Dios en confesión y arrepentimiento. La cámara frigorífica era mucho más fría que donde estábamos parados. Mi primer pensamiento fue: *¿Cómo rayos podías estar allí sentado el tiempo suficiente para decir unas pocas palabras y mucho menos el extenso tiempo que estabas describiendo?* Pero fue Dios quien lo sostuvo.

Me contó que Jesús había transformado su vida y que lo había llamado a Alaska para que testificara de Él a los nativos de allí. Recordó que se había sentido muy indigno e inservible para los propósitos de Dios, pero que Dios tuvo misericordia de él y lo rescató y le dio una vida nueva. Esa era la fuente de su alegría. Años más tarde, cuando volví a Cristo, recordé su pasión por vivir para el Señor, cada momento de cada día, y el gozo eterno que eso le producía. Y recordé que, a pesar de todo su pecado y quebranto, no había llegado demasiado lejos para que Dios lo salvara. Sin embargo, para mi salvación, todavía faltaban unos trece años.

Puesto que originalmente había planeado pasar seis meses en Alaska, comencé a extrañar mucho a mis amigos y anhelar la vida de libertad que tenía en casa. Aunque en Oklahoma estaban los ojos inquisitivos y curiosos de mi mamá y mi papá sobre mí, aun así, era mi hogar. También me había dado cuenta de que tenía cierta libertad en casa, solo que venía con los grilletes y las cadenas de escabullirme y mentir para salir de los momentos en que me atrapaban: un precio que valía la pena, pensaba. Me gustaban los amigos que había conocido en Alaska, pero echaba de menos a los que había conocido durante toda la vida. También extrañaba la licencia para subirme a mi auto e ir a donde quisiera y el acceso a las fiestas con alcohol y muchos otros placeres que eran más difíciles de conseguir en Alaska.

Y con Terri, ahora enamorada de Tommy, mis esperanzas de tener novia eran tan imposibles como las de tener novio. Me sentía poco deseable. Al haber pasado más de un año sin hacer ejercicio, y con mi dieta de Alaska, que ya no era tan saludable, sino nada más que bistec, papas y postres nocturnos, había subido de sesenta y tres kilos a más de noventa en los cuatro meses que viví allí. Estaba deprimida, y mi vida carecía de cualquier significado real, excepto escapar del dolor por medio del alcohol y el sexo en cualquier lugar donde pudiera encontrarlo. Y, aquí en Alaska, ambas cosas eran escasas.

Llamé a mi mamá una vez más para que me rescatara y le rogué volver a casa. Mi tío, abatido al sentir que había sido un fracaso, también le había dicho a mi mamá (sin que yo lo supiera) que no podía ayudarme. En ese momento, no sabía que no estaban planeando precisamente mi regreso a Oklahoma. Me hicieron esperar dos semanas más, y acepté a regañadientes, ya que todavía faltaban dos meses de lo planeado originalmente. Al menos podía ver la luz al final del túnel. Si bien, en ocasiones, la experiencia había sido divertida, en su mayor parte me sentía aislada y anhelaba regresar a casa.

Sin embargo, algo en el fondo de mi mente no quería volver a estar bajo la mano restrictiva de mi mamá y mi papá. No quería quedarme en la pequeña ciudad congelada de Kotzebue; pero tampoco quería volver a escuchar acerca de Jesús, que me obligaran a asistir a la iglesia, tener que vivir de acuerdo con todas las reglas que me habían impuesto previamente y tener que ocultar cada uno de mis movimientos con mentiras. Mientras estaba sentada en el aeropuerto de Anchorage, aburrida de la espera del vuelo, recordé que otro primo vivía en esa ciudad y llevaba una vida muy parecida a la que yo había llevado durante los últimos dos años. Consideré seriamente perder el vuelo e ir a buscarlo. No tenía ningún sentido, ningún plan lógico. No tenía idea de dónde vivía, y el estilo de vida que llevaba no se prestaba exactamente a un trabajo estable (o un hogar), y no tenía ni idea de cómo contactarlo. Esto fue en los días previos a Facebook u otras redes sociales, así que tendría que averiguar su número de teléfono. Sin embargo, lo único que se cruzaba por mi mente era la tentadora libertad que podía tener al vivir con él. Quería vivir mi propia vida y tomar mis propias decisiones.

Entonces el Señor usó algo extraño para distraerme. Tal vez fue la forma en que Dios no me permitió pensar demasiado en la posibilidad de abandonar mi vuelo durante mi escala. Estaba sentada cerca de la puerta de embarque, tranquila comiendo unas deliciosas obleas importadas de Europa. Sin embargo, mientras comía tranquila y mi mente divagaba más allá de las ventanas del aeropuerto al imaginar una vida de drogas y fiestas con mi primo, dos señoras mayores vinieron y se sentaron a mi lado. Se presentaron y dijeron que harían una gira por el Círculo Polar Ártico, con una parada en Kotzebue. Después de mencionar que había vivido allí durante los últimos meses, se despertó su curiosidad e interés.

Mientras les comentaba sobre los diversos lugares para visitar (esa hubiera sido una conversación bastante corta) y los aspectos culturales del pueblo, su curiosidad aumentó. Sopesaba sus preguntas con respuestas bien pensadas y, sin darme cuenta, llegó el momento de abordar el avión hacia los cuarenta y ocho estados contiguos.

Después que mi vuelo aterrizó en Spokane, me preparé para soportar unas infelices vacaciones con mis padres y mi hermana. Antes de regresar a Oklahoma, mis padres querían tener unas vacaciones familiares en el Parque Nacional Glacier de Montana. Me quedaría con ellos durante casi una semana sin cigarrillos, mientras en casi dos años no había pasado más de un día sin fumar. Una vez más, fui extremadamente egocéntrica. No quería pasar tiempo con mi familia; quería pasar la noche con una botella de alcohol, un paquete de cigarrillos y un hombre, preferiblemente un novio, pero cualquier hombre serviría la mayor parte del tiempo. Sin embargo, mientras el auto recorría pacíficamente las colinas, teníamos asientos en primera fila para observar algunos de los paisajes más hermosos del mundo al atravesar el norte de Washington, Idaho y Montana, y ver las montañas y los espesos bosques que bordeaban las sinuosas carreteras como un majestuoso lienzo del pincel de Dios. No sabía entonces que mi libertad, limitada como había sido, estaba a punto de pasar de ser poca a ninguna.

UNA PRISIÓN DENTRO DE UNA BURBUJA EN EL CIELO

El día antes del Día del Padre, solo unos días después de nuestro viaje, estaba aburrida de las vacaciones y contaba los días que faltaban para regresar a mi hogar en Oklahoma. Lamentablemente, ese momento no iba a llegar hasta dentro de casi dos años. Mi mundo se derrumbó cuando esa mañana mis padres me anunciaron sus intenciones de dejarme en un hogar comunitario en el noroeste de Montana, cerca de la frontera con Canadá. Si bien el campo era hermoso, no se prestaba al estilo de vida licenciosa que estaba buscando. Pensé que Bartlesville y Kotzebue habían sido pueblos pequeños. Eureka, Montana, tenía una población de menos de mil quinientos habitantes, de los cuales muchos estaban esparcidos por las colinas.

No me importaba que fuera el fin de semana del Día del Padre. No me preocupaba lo difícil que era esto para mis padres. Lloré y les grité, traté de desestabilizarlos y recriminarles lo que estaban haciendo, traté de manipularlos, traté de prometerles que cambiaría, pero todo fue en vano. Estaban decididos. (Por favor, comprende si eres un padre o madre que lee esto: probé todas estas tácticas *a propósito* para manipularlos a fin de que me dejaran ir a casa. Creo que muchas veces cuando los adolescentes increpan verbalmente a sus padres, no es tanto porque creen que tienen razón, sino porque no quieren que ustedes intenten cambiarlos o que los hagan sentir mal por su comportamiento. A menudo no quieren ayuda, porque lo que están haciendo los hace sentir bien).

Les rogué repetidas veces que no me dejaran allí, con la promesa de que cambiaría, aunque no tenía tal intención. Podría haberme escapado si no hubiera creído que podía hacerlos cambiar de opinión. Cuando mi papá finalmente detuvo el auto alquilado en ese camino desconocido, mi corazón comenzó a latir con fuerza cuando escuché el crujido de la grava debajo de los neumáticos. Observé con nerviosismo la gran escalera de troncos que conducía a lo que estaba bastante segura de que sería el infierno durante el próximo año más o menos. Me sentí atrapada. Todavía hasta el día de hoy, no tengo idea de por qué no intenté huir en ese momento. Quizás en parte porque no podía caminar ni un kilómetro, mucho menos correr en la condición física que tenía en ese entonces. No hubiera llegado lejos. No tenía dinero y estaba en medio de la nada. Tenía la espalda contra la pared, y no había salida. En lo alto de la escalera, había una chica de aspecto siniestro, que me asustó incluso a mí. Ciertamente, no parecía feliz de estar allí, y eso no me infundió ninguna confianza. El 17 de junio de 2000 estaba segura de que mi vida había terminado.

A medida que subíamos lentamente la escalera, una tabla de tronco a la vez, hubo una extraña colisión de majestuosa belleza y absoluta serenidad en medio del agobio de mi alma. La realidad de que me iban a retener en contra de mi voluntad durante los próximos doce meses, o más, sin mis amigos, sin fiestas y sin sexo se estaba instalando, y sentí

> *Me sentía completamente abandonada. Me estaban dejando con extraños en medio de la nada.*

como si alguien hubiera succionado todo el oxígeno de ese lugar. Estaba afuera en el aire más fresco y puro que jamás había encontrado y, sin embargo, no podía respirar. Los pinos llegaban hasta el cielo y protegían esa asombrosa casa de troncos del mundo exterior. Era como si hubieran colocado una prisión dentro de una burbuja en el cielo. Sin embargo, a pesar de la belleza y la promesa de los viajes de campamento, el senderismo, la pesca, el esquí y muchas más aventuras increíbles al aire libre, anhelaba la libertad de estar en casa.

Para empeorar las cosas, en el otoño iba a estar en el último año de la escuela secundaria. No estoy segura de que "enojada" fuera siquiera la palabra para describir mis sentimientos hacia mis padres en ese momento. Los odiaba más de lo que podía comenzar a expresar. No solo estaba enojada por la situación en sí, sino también porque me sentía completamente abandonada. Me estaban dejando con extraños en medio de la nada. Después que mi mamá trató de ayudarme a desempacar, y la "madre" del hogar comunitario se llevó la mayoría de mis pertenencias personales, incluidos los números de teléfono de mis amigos, vi a mi mamá, mi papá y mi hermana conducir por el camino de grava y desaparecer en la distancia más allá de los árboles. Esperaba no volver a verlos nunca más.

CANSADA DE PELEAR

Los siguientes meses comenzaron una vida de tormento. En lo que a mí respecta, ese tormento se debió a las circunstancias de libertad restringida en las que me habían obligado a estar; pero, en realidad, la prisión en la que estaba era espiritual. Mi primer mandato fue construir mi propia cama de troncos, literalmente desde cero, utilizando árboles que habían talado. Llegaría a apreciar esto más tarde, pero seguro que no lo hice en ese momento. De acuerdo con las reglas del establecimiento, no se me permitía entrar a la casa excepto para las tareas del hogar, las comidas y dormir (en un colchón sobre el piso) hasta que terminara mi cama. También me perdería muchas de las actividades al aire libre que los otros jóvenes hacían durante ese tiempo.

La mayoría de los chicos tardaron de cinco a diez días en construir su cama. Yo, en cambio, tardé casi seis obstinadas semanas. Puse la excusa de que quería hacerla perfecta y hermosa, lo que en parte era cierto, supongo. Rara vez he hecho las cosas a medias; pero la verdad era que no quería estar en la casa con los otros jóvenes. Trabajar en la cama me permitía escapar de la realidad de mi situación. Podía concentrarme en la tarea en cuestión y no en las circunstancias. Mientras estaba afuera construyendo la cama, solo estaba trabajando en otro proyecto de arte, no viviendo en un hogar comunitario con otros seis adolescentes.

Al final pude entrar a la casa con los demás, pero a menudo deseaba estar sola otra vez. Había pasado gran parte de mi vida sin querer estar sola, pero ahora era todo lo que quería. Al tener un hermano y una hermana bastantes años mayores que yo, pasé la mayor parte de mi adolescencia como hija única. Me estaba volviendo retraída y malhumorada, y cuanto más me presionaban con esas "cosas de Jesús", más me enojaba. De hecho, me estaban empezando a gustar algunos de los otros jóvenes, pero era más una admiración que un deseo de estar cerca de ellos.

Durante nuestra estadía en el hogar comunitario, se nos pidió que escribiésemos un diario sobre nuestros sentimientos y experiencias. Nuestros "padres" del hogar comunitario, "el Sr. S." y "la Sra. S." leían cada semana lo que escribíamos. A continuación, se incluyen algunas de las cosas que escribí en mi diario para dar una idea de cuál era mi mentalidad en ese momento.

Sábado, 17 de junio

Bueno, todavía no estoy segura de cómo me siento. No he visto a ningún amigo o familiar en cuatro meses y, a veces, me siento totalmente sola en el mundo.

¡La gente aquí es realmente genial! Por primera vez en mi vida he conocido a chicos de mi edad que han tenido experiencias similares a las mías y están ARDIENTES por Dios. Todos los jóvenes cristianos de mi ciudad no saben por qué aman a Dios y, en realidad, nunca se han metido en problemas. Los demás son solo hipócritas.

Espiritualmente, todavía estoy en la tumba. Mi problema es que, como dijo el Sr. S., soy adicta a mi estilo de vida. Amo cada minuto y NO estoy dispuesta a cambiar. De hecho, tengo miedo de volver a Dios. No quiero cambiar en absoluto. Supongo que Dios tendrá que hacer algo drástico en mí.

Mi dolor más profundo es no estar con Lori, a quien amo más que a nadie en el mundo. No ver a mi mamá es insoportable. Nunca solía estar cerca de ella, pero ahora sí. Estoy muy enojada porque ella me mintió y me dejó aquí después de haberle suplicado entre lágrimas regresar a casa, incluso desde Alaska. Mi papá y yo estamos muy distantes. Es difícil para mí decirle que lo amo.

De hecho, acababa de pasar tres días con mi familia, y eso fue demasiado. No estoy segura de lo que quise decir acerca de estar cerca de mi mamá. No recuerdo haber estado cerca de ella en ese momento de mi vida. Tal vez fue una ilusión. Lori era mi mejor amiga de Oklahoma de quien me había convencido de que estaba enamorada.

Domingo, 18 de junio

El servicio removió un poco las aguas cenagosas hoy, pero lo triste es que me niego a dejar esta vida que llevo, y lo sé. En Alaska, mi tío vio que estaba poseída por un demonio, y quería liberarme. Le dije que sí para que se callara, pero se detuvo y anunció que sus esfuerzos no valían la pena porque yo lo estaba reteniendo intencionalmente. ¡Y tenía razón! Estaba sentada allí y le pedía a Lucifer que no me soltara. No soy una satanista, solo sé que, si dejo que Dios lo eche fuera, tendré que renunciar a mi estilo de vida.

Además, todavía estoy enojada con Dios por las cosas que permitió. Me doy cuenta de que fueron mi culpa, pero Él no hizo nada para que no sucedieran. Y eso ha manchado y congelado mi corazón.

Jueves, 22 de junio

Por primera vez desde que estoy aquí, esta noche me enojé mucho. Sin embargo, una cosa que se mencionó es que este es un programa diseñado para ayudar a las personas que quieren recibir ayuda. Para ser perfectamente sincera, no quiero ayuda. Estoy aquí por la fuerza, y aunque creo que este es un programa maravilloso, simplemente NO elijo vivir para Dios. Todavía estoy muy enojada con mi familia. Ni siquiera estaré en la boda de mi propio hermano el 8 de julio… Extraño a mi mamá ahora más que nunca, pero de alguna manera no creo que a ella le importe. ¿¿¡¿¡¿Ruego volver a casa para que me envíe a otro lugar?!?!?! ¡Y es mi último año de escuela secundaria! La odio por eso.

Domingo, 2 de julio

Hoy me deprimí mucho. Lo único que pienso es cuánto tiempo he esperado para el casamiento de mi hermano con Leslie: ¡casi seis años! También he esperado mucho tiempo para ser su dama de honor; me lo prometieron hace muchos años y ahora me lo han arrebatado cruelmente como la medalla de oro a un ganador olímpico. Además, estoy muy enojada con los dos porque le dijeron a mi mamá que no les molestaría que me perdiera su boda que tanto esperé, y que siguiera adelante y me dejara en este lugar. Obviamente, no me aman tanto como pensaba. Además, la única razón por la que fui a Alaska sin pensarlo dos veces y sin demora fue para poder estar en la boda. Teníamos mi vestido ordenado y cada detalle arreglado. Además, me perdí un crucero a las Bahamas, ¡un viaje del coro para el que ahorré/recaudé dinero durante tres años!

Ya no sé cómo explicar cómo me siento. No quiero cambiar. ¿Por qué no todos pueden ver y entender eso, y aceptarlo? No es que no sepa o no crea que estoy jugando con fuego. Me doy cuenta de eso muy bien. Simplemente, me importa un bledo. Y estoy realmente harta de que la gente trate de obligarme a ser cristiana. Seré la primera en admitir que era más feliz en ese entonces, pero no quiero vivir para Dios. ¡Creo que no puedo esperar que nadie entienda, porque en ese momento hubiera pensado que estaba loca!

Recuerden que he estado allí. Sé cómo era. YO ELIJO ser como soy ahora.

Lo que realmente me haría genuinamente feliz en este momento sería ir (y participar de) la boda de mi hermano y darle un abrazo a mi mejor amiga y hermana cercana, Lori. ¡¡Hasta entonces, maldita cristiandad y maldito Dios!!

A pesar de que lo maldije, resultó ser la mano misericordiosa de Dios sobre mí que no me permitió ir a las Bahamas. En ese viaje, atraparon a mis dos mejores amigas bebiendo y las enviaron a casa.

Lunes, 3 de julio

Bueno, hoy faltan exactamente dos meses para cumplir dieciocho años. No sé qué necesita la gente para darse cuenta de que sé cuáles serán las consecuencias eternas de mis acciones; pero el cristianismo no es un seguro contra incendios. ¡Claro, la idea de quemarme para siempre en un lago de fuego me asusta muchísimo! Sin embargo, si alguien es "cristiano" para no ir al infierno, pero le importa un comino Dios, ¿es realmente un hijo de Dios?

¡Me siento tan frustrada! Si se necesita una rebeldía total y una muestra externa de odio, ocurrirá. No quiero ayuda. Quiero ir a casa.

Martes, 4 de julio

Esta noche fuimos a Hungry Horse para escuchar a Martha Tennison. ¡Tenía más energía que cualquier predicador que haya visto, y tiene cincuenta y ocho años! Te garantizo que ninguna iglesia bautista del sur la dejaría predicar; es demasiado radical.

Sin embargo, esta noche me di cuenta de que, si ella no puede convencerme de vivir para Dios, nadie puede hacerlo. Me encantó escucharla, pero no me tocó el corazón. No estoy de acuerdo con una cosa en particular que hizo esta noche. Dijo: si quieres que Dios te dé respuestas, acércate al altar y ora. Me sentí humillada, porque fui una de las pocas personas en todo el tabernáculo que no pasó al frente; pero al menos no me llamarán hipócrita.

Aprecio cuánto se preocupa mi familia; pero "puedes llevar un caballo al agua, pero no puedes obligarlo a beber". Cuanto más me presionan, cuanto más me predican, más me alejo. Esta es la única razón por la que me he interesado en el satanismo: quería que mis padres y todos los demás me dejaran en paz. Obviamente, no me creen. Piensan que obligarme funcionará; créanme solo me hacen enojar más. Y realmente NO me gusta que nadie me sermonee si ya les rogué que me dejen en paz.

Cómo puedo decirlo más claro: ¡NO QUIERO vivir para Dios!

(Había un dibujo al final de esta anotación donde hacía un gesto de ofensa a Dios con mi mano).

Hungry Horse es un pueblo en Montana llamado la puerta de entrada al Parque Nacional Glacier. Con respecto al afecto de mi "familia", me había separado emocionalmente de mi familia real y había comenzado a llamar mi familia al hogar comunitario.

Quiero animarte a que no dejes de predicar la verdad a tus seres queridos. Toda mi ira hacia ellos fue por convicción. Sí, su predicación me alejaba más, no por sus palabras, sino porque yo insistía en endurecer mi corazón. Sin embargo, Dios siguió hablando a mi corazón en esos momentos, aunque yo no lo admitiera.

Miércoles, 5 de julio

Hoy ha sido un día muy largo, pero bastante agradable. Sin embargo, todavía estoy muy enojada con mis padres.

El otro día, cuando les conté de forma alarmada que me había torcido el tobillo, parecían indiferentes y despreocupados. Me hicieron sentir como una tonta y cobarde. A veces tengo ganas de lastimarlos, pero nunca podría hacerle daño a una pulga. Parte de mi enfado es que ellos nunca parecieron preocuparse por mí, sino más bien trataron de parecer buenos padres. Si me quisieran, me habrían dejado POR LO MENOS llamar a Lori para decirle a dónde estaría. La amo muchísimo más que a ellos. O mejor aún, a ellos no los amo.

Domingo, 9 de julio

¡¡Esta noche fue absolutamente increíble!! Amy aceptó al Señor como su Salvador personal por primera vez. Realmente puedo ver el brillo en sus ojos.

Al releer lo que escribí en mi diario, me resulta extraño que parezca ir de un lado a otro, de estar extremadamente enojada y maldecir a Dios a estar un poco feliz y emocionada de ver cosas espirituales buenas. Creo que gran parte del cambio de personalidad fue demoníaco. En algún momento durante esa semana, "volví a dedicar" mi vida a Jesús, y aunque las palabras en mi diario parecían un poco más positivas, ni siquiera lo mencioné hasta que me retracté unos días después y dije que me arrepentía de haberlo hecho. A excepción de algunos sentimientos de felicidad, no había habido absolutamente ningún cambio.

Sin embargo, estaba empezando a sentirme culpable. Amy era cuatro años menor que yo, y me admiraba espiritualmente. Escribí en mi diario repetidas veces que no me gustaba ser su ejemplo a seguir, porque tenía miedo de llevarla por el mismo camino al infierno en el que yo me encontraba. Decidí que dejaría el hogar comunitario cuando cumpliera dieciocho años dentro de un par de meses.

Lunes, 17 de julio

Esta noche, el Sr. S. y yo vimos un video sobre guerra espiritual de Bob Larsen (uno de mis dos autores cristianos favoritos; el otro es Frank Peretti). Nunca me di cuenta de con cuánta facilidad los demonios pueden entrar en tu alma y poseerte. Me han dicho que estoy poseída, pero siempre pensé que era por no ser lo suficientemente buena para Dios, o porque me equivoqué demasiado como para que Él todavía me ame o por no ser suficientemente fuerte.

He estado reflexionando sobre esto durante bastante tiempo y no estoy lista para dejarlo. Cada vez que alguien ora por la comida, me estremezco. Tengo mucho miedo de ceder, porque tengo miedo de que Dios me odie por lo que he hecho. Disfruto demasiado de esta vida; lo cual es una patética excusa para ser perezosa, supongo, pero algo en mí se niega a dejar esta vida. Tal vez sea porque a veces me engaño a mí misma al creer que tengo el control. ¡Yo tengo el control!

Agradezco mucho la oportunidad de ver ese [video]. Nunca había recibido una instrucción o guía sobre guerra espiritual, excepto leer la Biblia e ir más a la iglesia. Los bautistas enfatizan SOLO la iglesia, ¿no es así?

Más adelante, el Sr. S. me dijo que hice intentos obvios de no ver el video: rodar por el suelo, mirar en otra dirección, quedarme dormida y cosas por el estilo. Él y yo lo recordamos de manera muy distinta, y otra vez, creo que se debió al control de los espíritus demoníacos. Sin embargo, yo estaba claramente más consciente y alerta de lo que él creía. Lo triste es que mencioné que mis dos autores favoritos eran Bob Larsen y Frank Peretti, que escribieron novelas sobre guerra espiritual. Aunque es probable que estos libros fueran instructivos para un creyente, para una adolescente impresionable que no era salva y ya había abierto la puerta a los espíritus demoníacos a través de un tablero Ouija, estos libros en realidad me llevaron a un mayor interés en el ocultismo y el satanismo. No todo lo que es bueno para un cristiano es bueno para que lo lea una joven no salva.

También me sorprende que deliberadamente me aferraba a los espíritus demoníacos, y en la misma anotación del diario hablaba de querer adorar. Creo que tenía una grave malinterpretación de lo que significaba ser salva, nacida de nuevo y seguidora de Cristo; pero me gustaban las euforias emocionales de los servicios.

Viernes, 4 de agosto

Esta noche fue el casting para la obra "El libro de la vida del Cordero". Es emotivo para mí porque la joven que yo interpreto tuvo un aborto, y en un momento lo he considerado seriamente. Será difícil.

Había considerado un aborto en un momento dado durante mi tercer año de escuela secundaria, cuando pensé que estaba embarazada. Sin embargo, resultó ser que no lo estaba. Esta anotación en mi diario es bastante grata al mirar atrás… y un poco triste. Tenía el corazón tan duro que, aunque pensé en emocionarme, no pude forzar ni una sola lágrima la primera noche de presentaciones, y era obvio para todos que yo estaba fingiendo. La única emoción real que parecía tener más era la ira.

Uno de los "padres" del hogar comunitario escribió esto en respuesta a las anotaciones de esa semana:

Laura:

Tú, tan fácilmente como cualquiera que haya conocido, representas el carácter amable y amoroso de Dios. Tu experiencia y relación con Cristo ha grabado a fuego su carácter y personalidad en tu alma. Eso hace que tus intentos por alejarte y tu negación verbal sean tan laboriosos y agotadores. Tú haces que lo espiritual parezca tan natural y lo natural tan extraño. Envidio eso.

Sr. S.

Esto me dejó estupefacta. Me estaba esforzando mucho por huir de Dios y destruir a la muchacha cristiana que habían formado en mí desde niña. Sin embargo, había algo en mi interior, aunque estaba tan perdida como un ganso en una tormenta de nieve. Dios parecía tener siempre su mano sobre mí, incluso desde temprana edad. A menudo me decían que tenía sabiduría espiritual más allá de mi edad. Incluso cuando negaba por completo a Cristo, a menudo daba consejos bíblicos sólidos a otros, aunque no los quería para mí. Yo era una contradicción andante. Creo que eso se debe, en parte, a que estaba desesperada por no creerlo porque, si Dios no existía o si la Biblia no era verdad, entonces no tendría que obedecerlo. Si ese era el caso, Dios no podría enviarme al infierno por vivir como yo quería.

Sábado, 5 de agosto

Sr. S: Lo que usted ha escrito es muy inspirador. Me hace sentir especial saber que Dios no me ha soltado todavía.

En cuanto a mis sentimientos, ¡increíble! La obra de teatro va a ser fantástica. Es muy emotiva, y tocará muchas vidas.

Esta es otra razón por la que estoy segura de que los espíritus demoníacos me influenciaban. Aquí estaba, en un momento, agradecida de que Dios no me había soltado y emocionada porque la obra tocaría muchas vidas y, a la noche siguiente, la noche de apertura de la obra, le estaba pidiendo a Satanás que impidiera que la gente llegue a conocer a Jesús.

Una cosa está clara en las anotaciones de mi diario: no hubo un cambio real en mi corazón. Y esa falta de cambio en mi corazón no tenía nada que ver con lo que creía que era verdad. Sabía, al menos en mi mente, que la Biblia era verdad, pero era solo un conocimiento intelectual. No había una creencia genuina, no había comprensión y no era real para mí. Era muy parecido a leer las notas curiosas sobre un programa de televisión sin haberlo visto nunca. Sabía mucho al respecto, pero carecía de una relación real y personal con la historia o los personajes.

"DIOS, TÚ GANAS"

Sin embargo, con el tiempo, las personas del hogar comunitario terminaron por convencerme. Finalmente, me cansé de pelear y ser tan terca. Sabía que estaba siendo rebelde, y debido a que vivía en una casa llena de cristianos, que me obligaban a asistir a la iglesia y leer la Biblia, la resistencia terminó por agotarme y adopté una especie de actitud: "Dios, tú ganas". Estaba cansada de pelear con Él. En cierto momento, hice "la oración del pecador", como a veces se la llama en las iglesias, y creí que era cristiana. Mis padres se pusieron eufóricos al enterarse de que había aceptado a Cristo. Estoy segura de que creían que mis días de rebelión habían quedado en el pasado, y eso tuvo que haberles quitado un enorme peso de encima.

Durante el año siguiente, tuve muchas experiencias espirituales por las que "alabé a Dios" con mis manos en alto junto con todos los demás. Hubo momentos en los que realmente creía que era cristiana. Sin embargo, mi corazón todavía estaba duro; todavía quería seguir mi propio camino. Pasé gran parte de mi tiempo recordando la vida que sentí que me habían arrebatado cruelmente. Seguía anhelando los días desenfadados de fiesta y sexo.

Este deseo de complacer la carne chocaba con el deseo de que Dios me usara, pero que este comentario no te ablande el corazón hacia mí. Lejos de ser un vaso humilde y roto, quería que Dios me usara para alimentar mi propio ego. Me dijeron que tenía un testimonio increíble, y comencé a tener visiones de grandeza con ser misionera. En una breve visita a casa cuando todavía estaba en el programa, una vez conté mi "testimonio" en mi grupo de jóvenes de Oklahoma. Enumeré una larga lista de cosas que había hecho antes de "ser salva" y luego, simplemente, dije: "Y ahora soy cristiana".

Recuerdo haber pensado: *¿Es este realmente mi testimonio?* En retrospectiva, sin duda no fue un encuentro radical con Cristo acompañado de un cambio en mi vida. Más bien fue un cambio de mentalidad hecho por razones prácticas, y eso principalmente porque estaba cansada de que la gente me empujara a ser cristiana.

Sin embargo, después de graduarme del hogar comunitario en el verano de 2001, me uní a Youth With a Mission (YWAM, conocido en español como Juventud con una Misión, JUCUM) para convertirme en misionera. Me aceptaron en el curso inicial llamado "Escuela de Discipulado y Capacitación" en la base de YWAM a solo unos pocos kilómetros del hogar comunitario. En algún momento, había desarrollado un narcisismo extremo. Pasé de sentirme usada y sin valor cuando era adolescente, a verme como un vaso especial que Dios había escogido. Creo que Dios trató de evitarme la vergüenza que sufriría en el campo misionero, ya que inicialmente YWAM negó mi solicitud más de una vez; pero mi mamá y yo los presionamos y les suplicamos repetidas veces que me aceptaran. Después de mucha coerción, finalmente aceptaron mi solicitud y me ofrecieron un lugar en el curso. Este programa consistiría en una fase de conferencias de tres meses, seguida de un viaje misionero de evangelización de dos meses.

Después de solo unos días, me sentía completamente fuera del grupo, y no estaba haciendo amigos. Finalmente, confronté a una chica en particular que fue muy descortés conmigo y me dijo que era tan orgullosa que no podía soportar estar cerca de mí. En lugar de humillarme ante Dios, traté en mi carne de *actuar* con más humildad, pero sobre todo me retiré. Esta chica también se dio cuenta, durante la conversación, de que yo tenía un dolor muy arraigado; pero, lamentablemente, cuando le conté en confidencia que pensaba que mi madre hubiera querido que viviera mi hermano y no yo, ella dijo: "Lo que sucede es que tienes un conflicto con tu madre", y se alejó.

Desearía profundamente que hubiera escuchado mi clamor. Puede haberle sonado tonto e infantil que yo creyera una mentira tan obvia, pero era algo que había pensado durante casi quince años. Ella fue la primera persona a la que se lo conté. ¿Y si ella se hubiera tomado el tiempo para hablar conmigo de eso? ¿Y si a ella le hubiera importado? ¿Habría seguido alguna vez el camino transgénero? Nunca lo sabré.

No restes importancia a los sentimientos de alguien, aunque no parezcan razonables. A veces, las cosas que se creen de niña no desaparecen solo porque esa niña puede razonar más adelante en la vida. Fue una pequeña semilla que se había convertido en un gran sistema de raíces subterráneas de amargura. Debí haber escuchado la sabiduría del libro de Hebreos: "Mirad bien, no sea que alguno deje de alcanzar la gracia de Dios; que brotando alguna raíz de amargura, os estorbe, y por ella muchos sean contaminados" (Hebreos 12:15).

Además de mi cintura ensanchada por toda la basura que estaba comiendo emocionalmente, mi presupuesto también había llegado al tope. Estaba gastando el dinero que mis padres me daban sin restricción en comer en restaurantes y beber cafés costosos casi todos los días. A pesar de mi fachada cristiana, no los respetaba como padres, no respetaba su dinero ni a nadie.

Después de los primeros tres meses, ¡por fin llegó el momento de la fase de evangelización! Nos dijeron que fuéramos a nuestras habitaciones y oráramos sobre cuál de los cuatro viajes disponibles nos sentíamos llamados a hacer. Esto me puso sumamente nerviosa; nunca había escuchado a Dios hablarme antes; pero, supongo que, puesto que quería escuchar a Dios de alguna manera, fui a mi habitación, me senté sobre el piso e inmediatamente me vino a la cabeza el pensamiento: "Tailandia". *¡Guau!* —pensé— *¡Dios me habló!* Ahora no estoy convencida de que haya sido Dios en absoluto, aunque estoy segura de que Él podría haberme hablado ya sea que fuera salva o no. Sin embargo, probablemente fueron solo mis propios pensamientos. Fue lo primero que pensé.

Entonces, bajé corriendo las escaleras en menos de un minuto y me inscribí para el viaje a Tailandia. Yo era una joven malcriada: mis padres pagaron el viaje en su totalidad, mientras que la mayoría de los estudiantes no contaban con todo el apoyo de sus padres. Nos dijeron que las donaciones siempre llegan en el último momento y que oráramos por el resto. Hice una oración rápida por ellos, estoy segura, pero no me preocupaba si mis compañeros de clase podían ir o no. Sin embargo, para mi asombro, entró cada centavo de los fondos para todos los estudiantes la mañana de la partida.

Ese viaje resultaría ser mi perdición. Fue un completo desastre. He aprendido que es muy difícil participar de las misiones en la carne. Ni siquiera estoy segura de lo que pretendía decir a esas personas. A menudo les contaba cómo me había "librado" del satanismo, pero la verdad es que no tenía ningún testimonio de fe para dar. Podía mencionar algunos versículos, pero estaba muy lejos del poder del Espíritu Santo que necesitaba de manera desesperada. Después de todo un mes de quejarme, sentir lástima de mí misma por cómo había aumentado de peso y derrochar mi dinero en mi gratificación personal, creo que al final Dios se cansó de mi farsa.

Después de seis horas en camioneta hasta un pequeño orfanato en la cima de las montañas, tuve una crisis convulsiva generalizada en medio de la noche. Los miembros de mi equipo dijeron que había estado convulsionando durante más de treinta minutos. Después de esperar dos días por la próxima camioneta programada (ya que no teníamos forma de comunicarnos con la ciudad), me llevaron al hospital en Chiang Rai, Tailandia. Me diagnosticaron epilepsia y me enviaron a casa.

CAPÍTULO 5

Un nuevo "salvador"

En ese momento, pensé que me había hundido en las profundidades del infierno. Ahora tenía diecinueve años, y una vez más vivía bajo el techo de mamá y papá. Esta vez fue diferente: estaba enferma. Tenía problemas de salud cada vez mayores dado que la medicación parecía agravar mis síntomas existentes. Teníamos programada una cita para consultar a la neuróloga mejor calificada del estado, pero teníamos que esperar varios meses para verla. Al menos sin haber tenido otra convulsión, podía trabajar… un poco. Pronto conseguí un trabajo de camarera en un restaurante local. También estaba tomando algunos cursos en la universidad local, con la intención de obtener un título en desarrollo de sitios web. Sin embargo, puesto que no podía conducir durante al menos seis meses, tenía que depender de mi mamá para el transporte.

Una vez que finalmente logramos ver a la neuróloga, pude percibir la estela de su arrogancia por toda la habitación. Con la nariz en alto, estaba claro quién era la persona superior allí, y los peones teníamos la bendición de estar en su presencia. (Es gracioso cómo no fui capaz de ver el mismo narcisismo en mí. Tal vez porque me habían bajado un poco los humos. Después de mi ataque epiléptico y de estar forzada a vivir con mis padres, ya casi no me veía como la vasija especial escogida por Dios). La neuróloga revisó el electroencefalograma que me habían hecho en Tailandia, en lugar de volver a evaluar mi actividad cerebral, y me preguntó si había experimentado alguno de los síntomas de una lista. Cuando respondí que "no" a cada síntoma con total naturalidad, dijo: "Bueno, estoy segura de que, de todos modos, tienes esta afección". Me recetó un nuevo medicamento, y me programaron una cita de seguimiento en algunos meses.

UN ROCE CON LA MUERTE

En cuestión de semanas, mi salud se salió de control. De algún modo, iba y venía constantemente entre diarrea, estreñimiento y náuseas. Además, comenzaba a tener episodios de debilidad muscular, que aparecían sin previo aviso. Caminaba de manera normal y, de repente, mis piernas se convertían en gelatina, lo que me hacía tropezar e incluso caer al piso. Aunque los músculos volvían a estar bien momentos después, estos episodios se estaban tornando aterradores. Además, se me caían continuamente las bandejas y los platos, y es probable que mi trabajo pendiera de un hilo, uno que se estaba deshilachando rápidamente cada día. De hecho, todavía estoy asombrada, y probablemente sea solo por la gracia de Dios, que nunca me despidieron de ese trabajo. Tenía problemas para concentrarme y recordar, a veces incluso me olvidaba de poner las órdenes en el sistema. Me temblaban los músculos y estaba empezando a derramar comida sobre los clientes. El último día que trabajé allí, antes de un receso de un mes, mi mamá me estaba llevando al trabajo cuando la miré y le pregunté mientras señalaba el parabrisas del automóvil:

—Mamá, ¿tú también ves que los autos están apilados uno encima del otro?

Una mirada de horror cruzó su rostro.

—No —dijo en un tono bajo y temeroso.

Me di cuenta de que de repente estaba mucho más preocupada. Pensé simplemente que era una ilusión debido a la forma en que brillaba el sol en ese momento, pero no fue así. De hecho, estaba teniendo visión doble. Hice lo mejor que pude para trabajar ese día, siempre sin saber si la verdadera bandeja de comida era la de arriba, que podía ver que estaba un poco borrosa, o la de abajo, que parecía ser un poco más sólida. Tuve que ayudarme mucho por el tacto.

Al día siguiente, cuando informamos por teléfono a la neuróloga acerca de estos alarmantes síntomas, ella descartó nuestras preocupaciones y solo dijo: "Bueno, en realidad usted todavía no está en el nivel terapéutico, así que voy a duplicarle la dosis. Es probable que se sienta enferma durante unos días, pero su cuerpo se adaptará". Aunque mi mamá y yo pensamos que esta era una solución extraña a lo que parecía ser un medicamento que me estaba enfermando mucho, confiamos en la especialista médica e hicimos lo que nos indicó.

En un par de días, enfermé tanto que vomitaba casi todo el día. Para el tercer día, mi papá ni siquiera podía hacer pasar unas gotas de agua por mi garganta con un gotero. Ahora tenía la visión tan borrosa, que las vigas de nuestro techo parecían una carrera de autos en cámara rápida, solo unas líneas difusas que pasaban como rayos. Otras veces veía insectos que trepaban por la madera del baño. La vida se había vuelto repentinamente aterradora. Al cuarto día sin comida ni agua y debido a los constantes vómitos, comencé a vomitar bilis. No quedaba absolutamente nada en mi cuerpo, que estaba empezando a apagarse. Mi madre llamó a la neuróloga para informarle sobre mi estado de deterioro.

La doctora respondió enojada: "¡Sra. Perry, ponga a esa muchacha en el sofá, dele una almohada y dígale que aguante!". Creo que en ese momento mi madre decidió no contratar más sus servicios, aunque no se lo dijo entonces. Ya era el quinto día, y mi mamá me llevó rápidamente a la sala de emergencias. Después de estar en la sala de espera durante más de cuatro horas chupando unos cuantos trocitos de hielo, los médicos se sorprendieron y se disculparon una vez que finalmente me llevaron a una habitación y determinaron cuán deshidratada me encontraba. Me dijeron que no habría vivido ni veinticuatro horas más si no hubiera ido al hospital. La medicación me estaba envenenando. Después de dos bolsas llenas de líquido y un poco de descanso, me dieron de alta y me enviaron a casa. Dejé de tomar ese medicamento. Cuando la neuróloga se enteró de que había ido a la sala de emergencias, llamó a mi mamá y le dijo: "Veo que la llevó a la sala de emergencias". Le molestó que no confiáramos en ella. En ese momento, supongo que mi mamá se despidió de ella formalmente, y nunca volvimos a hablar.

UNA TRANSFORMACIÓN FÍSICA

Mi mamá comenzó a buscar respuestas de manera desesperada. De repente, su vida se vio inmersa en la investigación de medicina alternativa casi a cada hora del día. Aunque no había tenido otra convulsión, seguía muy enferma. Algo estaba claramente mal. Probamos de todo, desde ajustar las hormonas hasta suplementos nutricionales y visitar a un iridólogo.

Finalmente, fuimos a ver a un médico naturópata muy buscado en todo el mundo. Era un médico con licencia, que se convirtió en naturópata después de darse cuenta de que la medicina tradicional a menudo enfermaba más a los pacientes en lugar de mejorarlos. A mis padres les costó una pequeña fortuna llevarme a su consultorio, ya que él no trabajaba con ningún seguro médico. Este médico también pudo ver lo enferma que estaba. A los diecinueve años, me habían dado quince diagnósticos diferentes. Los problemas de salud habían sido una constante en mi vida. Al mirar atrás, a gran parte de mis años de preadolescencia y adolescencia, rara vez recuerdo haberme sentido bien. Los exámenes de laboratorio mostraron que tenía la enfermedad de Lyme en cuatro partes de mi cerebro. Eso, sin duda, explicaba las convulsiones.

Durante los siguientes dos meses, me recetó una dieta radical de jugos de frutas y verduras frescas con solo pequeñas cantidades de frutas y verduras como alimento sólido y grandes dosis de suplementos vitamínicos de alta calidad. Y después de haber hecho varios tratamientos hormonales en el pasado, pero nunca seguirlos por mucho tiempo, volví una vez más a someterme a una terapia de reemplazo hormonal. Dos meses después, me sentí mejor que en toda mi vida y tenía más energía de la que podía utilizar. (Si bien había sido hiperactiva de niña, nunca había tenido un sistema inmunológico saludable y seguía enfermándome a menudo).

La nutrición había ganado mi corazón. Me obsesioné tanto, que estudiaba y hablaba de ella y la vivía con todo mi corazón, con toda mi alma y con todas mis fuerzas. Me cautivó por completo. Y el médico se convirtió en mi ídolo. Hablaba de él casi tanto como de nutrición y vida sana. Estaba extrañamente encantada con él, lo que escuché que a veces sucede cuando alguien es tan clave en la salvación de otro. Unos meses más adelante, me inscribí en un curso de asesoramiento nutricional que él ofrecía (además de mis cursos universitarios) y absorbí cada palabra como una esponja. No podía esperar para asistir a sus clases, y probablemente haya sido la única vez en mi vida que estuviera ansiosa por asistir a las citas con mi médico.

Además de sentirme mejor, durante ese año y medio había perdido casi treinta kilos y estaba en la mejor forma de mi vida. Decidí matricularme en la universidad local de Tulsa como estudiante de curso introductorio de medicina, con la intención de convertirme en médica naturópata. Ahora como una estudiante universitaria de veintiún años, que vivía en mi propio apartamento a una hora de distancia de mis padres, me sentía en la cima del mundo. Me volví petulante y menospreciaba a aquellos que no se preocupaban por sus cuerpos o no prestaban atención a lo que comían. Sin embargo, peor aún, idolatraba al médico que me había "salvado", y esa "salvación" era mucho más real para mí que cualquier confesión que hubiera hecho por Cristo en el hogar comunitario. Y Dios no compartirá su gloria con ningún hombre (Isaías 42:8). Ahora entiendo que fue Dios quien me sanó; pero en ese momento, me había olvidado de Dios y de cómo me había librado de los espíritus demoníacos.

Y así, comenzó a aclararse el misterio. Lo que se convertiría en una de las tragedias más grandes de mi vida, Dios la usaría de nuevo algún día para su gloria. Después de aproximadamente un año de esta nueva salud, algo andaba mal. Me había estado sintiendo un poco más cansada últimamente y estaba aumentando algunos kilos otra vez. Sabía que mi dieta no había sido perfecta, pero ocurrió de repente. Me sentía lenta de nuevo, y no podía comprender la profundidad del problema. Una noche, mientras estaba sentada en la clase de asesoramiento nutricional, el médico me explicaba las diferentes hormonas y cuáles se recetaban para diversas afecciones. Al final de la clase, le pedí que aclarara las diferencias entre el estrógeno y la progesterona y le dije:

—Los síntomas que tuve son exactamente los que ha descrito esta noche, y dijo que me recetaría progesterona para eso, pero me recetó estrógeno.

—No, yo no haría eso. Recetaría progesterona para tus síntomas.

—Estoy segura de que me dio estrógeno —dije en voz baja.

El horror de la equivocación nos golpeó repentinamente a ambos: había estado tomando las hormonas equivocadas durante casi tres meses, y el estrógeno había aumentado en mi cuerpo a niveles tan altos que me estaban causando numerosos problemas de salud. Y como un truco de magia en el que un objeto se desvanece en una bocanada de humo con el golpe de la varita mágica, así se desvaneció mi salud. La energía y la vitalidad recién descubiertas, que había experimentado durante el último año, desaparecieron reemplazadas por un aumento de peso drástico, cambios de humor, síndrome premenstrual severo y otros problemas. No solo había perdido por completo la salud que adoraba, sino que mi salvador me había fallado y se había caído del pedestal donde lo había colocado. La imagen de él, que había adorado, se hizo añicos en miles de pedazos irreparables. Estoy segura de que podría haber trabajado para que mi salud volviera a ser como antes, pero estaba tan devastada que no podía concentrarme en eso. Naturalmente, aunque no había hablado con Dios en meses ni le había agradecido por mi salud, ahora que todo se había echado a perder, lo culpaba por mi desdicha.

Esta reacción puede parecer extrema, pero cuando era niña había pasado gran parte de mi vida entre médicos, extracciones de sangre, exámenes y sin encontrar respuestas para mi sistema inmunológico débil y mis problemas de salud constantes. Fue un milagro que pudiera practicar deportes y tuviera energía para correr. Aunque al principio de mi vida había sido extremadamente hiperactiva, cada vez me fatigaba más y me volví muy letárgica a lo largo de los años. Mi mamá solía decirme que yo era un rompecabezas médico. Realmente había creído que por fin este médico había respondido todas las preguntas que había tenido toda mi vida. Creía que todos mis problemas de salud finalmente iban a desaparecer. Para mí, esto no era solo algo que necesitábamos tratar con las hormonas correctas. Mis esperanzas de buena salud ahora se habían hecho trizas. Estaba agotada.

De repente, ya no deseaba buscar la salud, y comencé a cambiar mi vida por completo para adaptarme a mi amargura, como lo había hecho en la escuela secundaria. Cambié mi curso introductorio de medicina por una licenciatura en computación, dejé de beber jugos, tomar vitaminas y hacer ejercicio, y comencé a comer comida chatarra y a fumar nuevamente. Me sentí muy traicionada tanto por Dios como por el médico, y no quería tener nada que ver con ninguno de los dos. Ahora, que ya no estaba bajo el techo de mamá y papá, dejé de asistir a la iglesia. No pasó mucho tiempo antes que me dejara absorber por la alcantarilla de los viejos pecados que asomaban su fea cabeza como si nunca se hubieran ido. Me sentí completamente inservible y sin valor. Disfrutaba de mis clases, pero casi no tenía ambiciones o motivaciones reales.

Empecé a vagar por la vida, tratando de encontrar placer día a día y viviendo el momento. Me volví adicta a la pornografía y estaba cada vez más obsesionada con pensamientos de sexo y trataba de conseguirlo a toda costa. Terminé saliendo con un hombre durante los siguientes cuatro años con quien, la mayor parte del tiempo, en realidad no soportaba estar. Sin embargo, el sexo solía estar disponible. Y cuando él estaba demasiado ebrio, dormía de espaldas.

Sin embargo, el problema de mi salud había hecho que mi mamá se desesperara aún más por resolver el complejo rompecabezas de mi cuerpo. Esto comenzó un interesante proceso en que mis padres y yo no veríamos la conexión durante muchos años.

CAPÍTULO 6

Las profundidades de la desesperación

Mi mamá, más desesperada que nunca por "solucionar" mi problema, comenzó a buscar enérgicamente día y noche en Internet alguna solución. Se puso en contacto con una empresa de comercialización multinivel, cuyas vitaminas, se decía, eran de tan alta calidad que las personas experimentaban cambios milagrosos de salud. Mi mamá y mi papá no entendían que ya no tenía *ningún* interés en la salud. Estaba otra vez en un camino de autodestrucción; pero, para apaciguarlos, tomaba las vitaminas… *a veces*. Aun al tomarlas de manera esporádica, comencé a ver grandes mejoras, especialmente en lo que respecta a mis ciclos menstruales.

Mi mamá recogió el balón y corrió con él como un jugador de fútbol americano que acaba de recuperar un balón suelto con diez segundos restantes de juego. Asistía a las reuniones de la empresa y (sin mi conocimiento) comenzó a dar a conocer algunos de los "milagros" que estábamos viendo en mi salud. Aun así, no quería tener nada que ver con la salud o la nutrición, las cuales me habían traicionado. Sentí que me habían arrancado la salud, y ya no confiaba en Dios, en los profesionales de la salud ni en las vitaminas.

Sin embargo, a medida que mi historia, relatada por mi mamá, comenzó a difundirse entre los demás miembros de las reuniones, la invitaron a presentarla formalmente al grupo. Un día me preguntó si podía contar que mi sistema femenino estaba comenzando a funcionar nuevamente. Me horroricé al saber que ella ya había estado contando a los demás algo tan personal, y le dije que no. Sin embargo, puesto que se lo habían pedido, ella se sintió obligada a dar a conocer los resultados, y así lo hizo. Después de haber sido maestra de escuela, era una narradora dotada por naturaleza. Comenzó a contar mi historia en las reuniones a una audiencia embelesada y cautivada. Finalmente, quedaron tan cautivados con su presentación, que la contrataron para viajar por todo el país y describir cómo estas vitaminas habían mejorado mi salud. Contó la historia con ilustraciones en vivos colores y diapositivas de PowerPoint, que al final se convirtieron en un DVD.

Mis padres habían tratado de transmitirme el entusiasmo por estos suplementos nutricionales, y a menudo me pedían que asistiera a las reuniones con ellos. Finalmente, una noche me presenté en una reunión. Para mi horror, los asistentes me rodearon, me dieron palmaditas en la espalda y me dijeron lo felices que estaban de que volviera a tener mis períodos menstruales. Eso me causó una profunda ira y amargura que no podría describir. Mi madre no sabía cuánto odiaba ser mujer y cuánto deseaba ser hombre. En ese momento, no estaba pensando en hacer la transición, pero solo por falta de conocimiento sobre el tema. Ni siquiera se oía hablar de "transgénero" en ese entonces, y nunca había sabido de nadie que hiciera la "transición" al género opuesto. Si bien había aceptado ser mujer, era una maldición y algo que odiaba de mí. Veía el sistema reproductivo femenino y la menstruación en particular, como algo vergonzoso y sucio. No podía entender por qué Dios creó el cuerpo femenino para que tuviera períodos menstruales. Sus charlas sobre mi sistema femenino fueron el pináculo de la traición, y en ese momento, deseaba que ella desapareciera de la faz de la tierra.

Más enojada que nunca, dejé de tomar todos los suplementos vitamínicos. A medida que mi salud se salió de control, también lo hizo mi peso. Y mientras mi peso se disparaba una vez más, anhelaba la atención masculina que ya no podía obtener. Empecé a entregarme sexualmente a quien me tomara. Me inscribí en un servicio de sexo casual en línea y comencé a acostarme con cualquier hombre que me aceptara para tener una aventura de una noche. Hasta el día de hoy, estoy asombrada de cómo Dios me protegió, ya que mis decenas de parejas fácilmente podrían haber sido cientos. Sin embargo, debido a mi peso, era difícil encontrar hombres interesados. Algunos también se asustaban porque parecía demasiado bueno para ser verdad, que una muchacha desconocida estuviera dispuesta a pasar una noche de aventura.

EN BUSCA DE UNA IDENTIDAD

En algún lugar de todo este lío, mientras buscaba desesperadamente la felicidad, otra vez cambié de carrera, y decidí estudiar justicia penal. Aunque no tenía idea de lo que era un transgénero, por dentro deseaba desesperadamente ser hombre. Estaba empezando a actuar de forma más masculina y quería una carrera más acorde. Por favor, no me malinterpreten: no estoy diciendo que las mujeres, que se dedican a estas carreras, sean necesariamente masculinas. Sin embargo, en mi caso alimentaba mi otro yo masculino. Tenía visiones de grandeza donde dominaba mi peso y era respetado como "un hombre más". Estaba harta de sentirme usada y desechada por los hombres, y ansiaba una carrera donde tuviera poder.

De todos modos, había crecido con un gran interés en las leyes, y decidí ser oficial de policía; específicamente, quería ser agente del FBI. Así que, mi madre volvió a poner en práctica sus habilidades de investigación y encontró la mejor escuela de justicia penal del país en Huntsville, Texas. Me gradué de la universidad comunitaria, y me dirigí a Texas, por fin lejos de mis padres. Sus frecuentes visitas a mi apartamento conllevaban una rutina interminable para ocultar mi nefasta actividad, y tenía el constante temor de que descubrieran mis pecados.

> *Aunque no tenía idea de lo que era un transgénero, por dentro deseaba desesperadamente ser hombre.*

Dios quiso que tuviera una idea de lo que me esperaba. Me colocó en un apartamento que estaba a solo dos cuadras de una famosa prisión: la Unidad de Muros. En otra época, esta famosa prisión había albergado el corredor de la muerte. Aunque el corredor de la muerte se había trasladado a otra prisión de la ciudad, la Unidad de Muros seguía siendo el lugar donde se llevaban a cabo las ejecuciones. (Huntsville, apodada "ciudad de las cárceles", tenía cinco cárceles). Numerosos viernes por la noche, pasaba por delante de las protestas de camino a casa y me enfrentaba a la realidad de que estaba viviendo a solo dos cuadras de donde un delincuente empedernido estaba a punto de ser ejecutado. De hecho, mi apartamento era literalmente el más cercano a la prisión: la puerta de mi edificio estaba en la misma calle. La Unidad de Muros también era el lugar donde se retenían a los reos de confianza y a menudo realizaban varios trabajos al aire libre en el campus, como pintura y jardinería, por lo que, todos los días, un camión lleno de prisioneros pasaba por delante de la puerta de mi edificio.

Dos veces al día, la prisión hacía sonar una fuerte sirena que se podía escuchar a lo lejos. El primer sonido indicaba que estaban comenzando a pasar lista. Si se escuchaba una segunda sirena, alrededor de una hora después, eso significaba que todos estaban contabilizados. En dos ocasiones, no hubo una segunda sirena. Mi imaginación se volvió loca: *¿Será que no escuché la sirena esta vez? ¿Se olvidaron de hacerla sonar? ¿Alguien se escapó?* Una de las veces, hallaron con bastante rapidez y sin incidentes a los prisioneros que se habían fugado. Sin embargo, lamentablemente, el otro caso fue una verdadera tragedia. Por la gracia de Dios sobre mi vida, los dos fugitivos atravesaron el bosque, cruzaron las vías del tren, cerca de la parte trasera de la prisión en vez de pasar por donde estaba mi apartamento. Entraron a un apartamento que estaba a un par de cuadras del mío, mataron a los residentes que había adentro y se enfrentaron en un tiroteo con la policía. Ese incidente me mostró la realidad de la carrera en la que me había inscrito, y comencé a preguntarme si realmente podría hacerlo.

No quería admitirlo, pero la verdad era que sabía que no estaba hecha para ser policía. Quería desesperadamente ser alguien que protegiera a las personas, un héroe, pero no estaba en mi naturaleza. Me asustaba. E incluso más que eso, no tenía una estatura ni un comportamiento intimidante. Por mucho que quisiera ser policía, la verdad es que no era tan dura y brava como a menudo actuaba. No quería herir los sentimientos de nadie ni causar ningún tipo de disensión, excepto cuando las personas infringían mis libertades, como mis padres. Si bien de niña discutía con cualquiera incluso después de darme cuenta de que estaba equivocada, a lo largo de los años mi personalidad cambió significativamente. Años de inseguridad me habían llevado a ser mucho más introvertida y tímida a la hora de defenderme.

Unas semanas más tarde, anuncié a mis padres que me había equivocado. En su insondable perdón y amor por mí, después de haber gastado mucho dinero en mí para pagar el hogar comunitario, mis tres grados técnicos de dos años cada uno y ahora una universidad fuera del estado por solo un semestre, me permitieron regresar a Tulsa y cambiar de carrera de nuevo, por una licenciatura en informática. Acordaron buscarme un nuevo apartamento, ya que yo no tendría la oportunidad de buscar uno antes de mudarme de regreso.

No supe hasta algún tiempo después que el día que habían ido a buscar apartamento comenzó con una pequeña tormenta de nieve y terminó con una tempestad, que acumuló más de cincuenta centímetros de nieve, lo que en Oklahoma representa un grave peligro meteorológico. Mis padres, que entonces tenían más de sesenta años, sufrieron todo el día en el frío, los vientos cortantes y la nieve cegadora a fin de encontrar un lugar para mi alma inquieta. Ahora me desgarra el corazón pensar en su sacrificio en comparación con las profundidades de mi extremo egoísmo. No pude apreciar entonces de qué forma se sacrificaron por mí a lo largo de los años. Fieles a su palabra, me encontraron un lugar para vivir y me alquilaron un bonito apartamento de dos dormitorios en un condominio justo al otro lado de la calle Riverside Parkway. Estaba emocionada. Pronto estaría de vuelta en Tulsa y regresaría con mi novio (que no había roto conmigo a pesar de que me había mudado a casi diez horas de distancia).

UNA PROBADITA DEL INFIERNO

A finales de diciembre de 2006, mis padres fueron a Huntsville para ayudarme a empacar mis cosas. Sin embargo, en el camino de regreso a Tulsa, Dios intentó llamar mi atención otra vez. Mi papá conducía su auto delante de nosotras, y mi mamá venía conmigo, cuando nos topamos con una lluvia torrencial al otro lado de la frontera de Oklahoma. Estaba lloviendo tan fuerte, que había de tres a cinco centímetros de agua acumulada en la carretera. Mientras mi mamá y yo conversábamos, un semirremolque pasó velozmente junto a nosotras y levantó una ola de agua que bañó nuestro auto y al camión que lo seguía de cerca, lo que provocó que el camión se descontrolara y se estrellara contra nuestro auto. Nos hizo girar como un trompo y atravesamos la carretera y la franja intermedia. Terminamos en el carril del sentido contrario con el tráfico que se aproximaba, donde otro camión se dirigía directamente hacia nosotras con la bocina a todo volumen y las luces que perforaban la oscuridad de la noche. En ese momento, sentí más terror que nunca en mi vida.

Recordé la obra de teatro en la que había participado años antes en el hogar comunitario, donde los demonios arrastraban al infierno a los que rechazaban a Cristo. En ese instante, pude ver que en cualquier momento me arrastrarían al infierno tal como pasó a esos actores, y supe que estaba a punto de mirar al mismísimo Satanás a la cara. El terror que sentí fue demasiado para mi mente, y si hubieran pasado más de unos pocos segundos, podría haberme vuelto literalmente loca. Fue una tortura más allá de toda descripción. Para empeorar las cosas, al principio, mi mamá no respondió; tal vez fue porque estaba paralizada de miedo, pero temía que estuviera muerta. ¡Pensé que había matado a mi madre! Y como ella era cristiana, estaríamos separadas por la eternidad. Incluso con todo mi odio e ira hacia ella, en ese momento habría hecho cualquier cosa para recuperarla. Sin embargo, milagrosamente, mi mamá salió ilesa y pudo girar el volante lo suficiente como para llevarnos a la franja intermedia y fuera de peligro, justo a tiempo.

Eso fue un milagro por dos razones: 1) Estaba conduciendo un automóvil de transmisión estándar. En esa fracción de segundo, en medio de mi pánico, tendría que haber vuelto a poner el auto en primera y haber sido capaz de presionar tanto el embrague como el acelerador para que se moviera. Y 2) las cavidades de las ruedas estaban tan llenas de barro y escombros por el deslizamiento por la franja intermedia que, una vez fuera de peligro, nos llevó varios minutos limpiarlas lo suficiente como para que el automóvil volviera a moverse. ¡Parecía un espantapájaros con hierba que salía disparada de la cavidad de las ruedas! Abrí la puerta y grité de terror. Todo mi cuerpo temblaba y apenas podía recuperar el aliento.

A excepción de una pequeña abolladura detrás del tanque de gasolina, por increíble que parezca, estábamos completamente bien. No obstante, la parte más trágica de esta historia es que no volvió mi corazón hacia Dios. Pude haber hecho una oración esa noche y tal vez durante un día o dos, pero no pasó mucho tiempo antes que me olvidara de Dios y de cómo Él me había salvado la vida una vez más.

Como el faraón descrito en el libro de Éxodo, yo también ignoré la advertencia de Dios y endurecí mi corazón. Durante los siguientes dos años, descendí aún más a las profundidades del infierno. Volví a mis años de adolescencia y retomé mi vida de alcoholismo, tabaco, sexo y música satánica. Aunque no estoy segura de que, en cierto momento, los espíritus demoníacos hubieran regresado, sin duda parecía estar influenciada por ellos otra vez. No me forzaron a actuar pecaminosamente y no pudieron hacer que mi corazón se pervirtiera, pero su influencia expuso la naturaleza impenitente de mi corazón a pesar de cualquier profesión de fe que hubiera hecho.

Estaba llena de ira hacia todos y todo. Seguí saliendo con el mismo muchacho durante los dos años siguientes, pero siempre lo engañaba a sus espaldas con otros hombres. Había perdido todo interés por permanecer fiel a una pareja. La pornografía se convirtió en una viciosa adicción, pero nunca me satisfacía sin importar cuánto mirara, y alimentaba mis deseos de aventuras de una noche, que eran igualmente insatisfactorias. Y, sin embargo, seguí buscando ambas cosas, siempre convencida de que la próxima vez encontraría satisfacción.

Esto culminó una noche en un viaje que hice a la ciudad de Oklahoma, a casi dos horas de distancia. No le dije a nadie que iba. Había aceptado encontrarme allí con un hombre que había conocido en línea, como tantos otros; pero a lo largo de ese día, todo parecía ir mal. Comenzó con el inicio de mi ciclo menstrual. En ese momento de mi vida, los ciclos menstruales eran casi inexistentes así que me tomó por sorpresa. Por lo general, solo tenía uno cada año y medio más o menos. Cuando le pregunté si podíamos reprogramar la cita, dijo que estaba en la ciudad por negocios y que no planeaba volver en un futuro cercano. Me dijo que aun así fuera. Me sentí humillada. No quería admitir que incluso tenía el sistema femenino y mucho menos permitir que lo descubrieran; pero lamentablemente, estaba muy desesperada. Las únicas veces que me sentía deseada era cuando tenía sexo.

La pornografía se convirtió en una viciosa adicción, pero nunca me satisfacía sin importar cuánto mirara.

Algo me había retrasado esa mañana, y terminé llegando casi cuarenta y cinco minutos tarde a la ciudad sin tener su número de teléfono celular. Al parecer lo había escrito mal. Cuando finalmente llegué al hotel, me di cuenta de que me había equivocado y que estaba en la dirección errónea. La correcta estaba del otro lado de la ciudad. Cuando llegué al hotel acertado, ya se había ido. Le pedí al recepcionista que le enviara un mensaje, y esperé que regresara. De hecho, regresó una hora más tarde. Después de un breve encuentro en la habitación del hotel, íbamos a cenar y regresar a la habitación más tarde esa noche. Lo seguí hasta el estacionamiento y, por razones que no recuerdo, acordamos ir en autos separados. Descendió por la rampa en espiral del estacionamiento, hizo un giro delante de mí y desapareció de mi vista. Conducía un automóvil negro en una calle poco iluminada y no se lo veía por ninguna parte. Me había dicho dónde estaba el restaurante, pero después de dar varias vueltas a la zona (eso fue antes que tuviera un GPS), no pude localizarlo por ninguna parte. Me rendí y regresé al hotel, con la esperanza de que se diera cuenta de que me había perdido y regresara. Esperé afuera de su puerta como un patético cachorro abandonado. Esperé hasta las dos y media de la mañana y, finalmente, bajé la cabeza avergonzada y regresé a mi auto para irme a casa.

Mientras lloraba incontrolablemente por la abrumadora pérdida de dignidad y vergüenza que sentía, volaba por la carretera sin pensar en mi entorno hasta que escuché el aullido de una sirena y vi las conocidas luces rojas y azules intermitentes en mi espejo retrovisor. Me detuve y rápidamente me sequé las lágrimas. El oficial de policía se inclinó hacia mi ventana y preguntó:

—¿Sabes a qué velocidad ibas?

—Alrededor de 100 km/h —respondí con confianza, segura de que ese era el límite de velocidad.

—Bueno, esta es una zona de 85 km/h.

—Ah, seguramente no vi las señales —le respondí.

Me sorprendió su reacción.

—¿Me estás diciendo que no viste las señales? —me gritó en un tono áspero y de regaño que me sobresaltó. Pensé: *Cálmate, la gente no ve todas las señales. No es para tanto…* Sin embargo, al mismo tiempo, tuve la clara sensación de que su tono enérgico y descontento se había forjado a partir de una preocupación genuina. Se parecía mucho a un padre que me gritaba: amoroso, pero enojado por mi imprudencia. Lo miré sin comprender, sin saber cómo responder.

—¿Por qué no prestaste atención a las señales? —continuó el policía.

De repente sentí que no era el policía quien me hablaba, sino Dios. Recibí una multa por exceso de velocidad de más de doscientos dólares y me fui a casa con el rabo entre las piernas. Había ignorado todas las advertencias de Dios ese día (tal como muchas otras veces). Ese no había sido mi primer viaje a la ciudad de Oklahoma con propósitos sexuales nefastos, pero fue el último. Tuve algunos encuentros en Tulsa después de eso, pero no pasó mucho tiempo antes que incluso no hallara satisfacción en los encuentros casuales. No importaba cuánto sexo tuviera, después siempre me sentía sucia, usada y rota.

CAPÍTULO 7

La promesa de libertad

Me estaba volviendo cada vez más infeliz, y el sexo casual estaba resultando ser cada vez menos gratificante. A fines del verano de 2007, mi novio y yo fuimos a pasar un fin de semana romántico a Eureka Springs, Arkansas. Durante la mayor parte del fin de semana, estuvo de mal humor y sin interés en nada romántico. Una vez más, tenía que evitar cualquier tema que provocara su temperamento, cualquier palabra podía hacerlo estallar. A lo largo del fin de semana, sin darme cuenta, estaba soñando despierta con invertir los roles. De repente anhelaba ser aquel que cortejara a la muchacha. Me preguntaba cómo sería tratarla como a una princesa y cuidarla, amarla y tratarla tal como deseaba desesperadamente que me trataran.

Hacía cuatro años que salía con este muchacho, y durante ese tiempo había pasado la mayoría de las noches en su apartamento. Sin embargo, teníamos poca o ninguna chispa romántica. Ahora que entiendo cómo Dios diseñó el sexo y las relaciones, esto no debería haber sido una sorpresa. Por un lado, no estábamos casados. No tenía idea de por qué Dios delimitó el sexo dentro del vínculo del matrimonio. Dios creó el sexo para que un hombre y su mujer fueran una sola carne (Génesis 2:24); no existe solo para encontrar satisfacción física… y con varias parejas. Además, nunca le había sido fiel a mi novio. Le mentí y lo engañé a sus espaldas durante la mayor parte de nuestra relación; pero, de alguna manera, me sentía con derecho a que un hombre me tratara como una reina. En su mayor parte, fue un fin de semana desdichado, pero también revolucionario para mí. Desde que abusaron sexualmente de mí a la edad de ocho años, me había sentido engañada porque los hombres tenían el poder en la relación. Esto se había reforzado durante más de quince años, cada vez que me abandonaban o que los hombres se negaban a tener relaciones sexuales conmigo. Fue entonces cuando comencé a determinar que tenía que convertirme en un hombre.

A pesar de todas mis andanzas, creo que en realidad estaba tratando de sanar de alguna manera el dolor que me habían causado varios novios en la escuela secundaria, antes que comenzara con mis engaños. Me había sentido usada y rechazada por ser gorda, o porque otra chica tenía los senos más grandes, o porque solo estaba siendo utilizada para dar celos a una ex o porque él quería una chica más joven. Todas estas fueron las razones por las que me dejaron en la escuela secundaria. Creo que mi razonamiento fue que, si tenía relaciones solo de una noche, nunca les daría la oportunidad de abandonarme y lastimarme. Tal vez por eso permanecía con un novio al que despreciaba el noventa y nueve por ciento del tiempo: sabía que no me dejaría.

Sin embargo, ahora sabía que acostarse con alguien no era la respuesta, y tampoco lo era convivir con un novio. Al haberme rebajado esencialmente a una prostituta no remunerada, había destruido mi imagen como mujer y no había encontrado paz ni felicidad. Recordé mis días de adolescente cuando me sentía como un varón. Para aclarar, los sentimientos que me llevaban a pensar "debería haber sido un varón" nunca se habían ido realmente.

En cambio, me había convertido en una contradicción ambulante: una mujer machista que odiaba a las mujeres. No obstante, cuanto más entretenía la idea de ser hombre, más me tentaba. Empecé a fantasear día y noche con ser un hombre; pero ¿qué haría al respecto? Ni siquiera había escuchado el término "transgénero" hasta octubre de 2007, cuando estaba tan desesperada por escapar de la prisión de mi cuerpo femenino, que escribí en Google "mujer que se convierte en hombre". Me sorprendió la cantidad de resultados que surgieron. Pasé la noche devorando información sobre mi mundo recién descubierto, un mundo donde *sabía* que al final estaba destinada a ser feliz.

"TIENES UN SERIO CONFLICTO CON TU MAMÁ"

Poco tiempo después de hacer mis investigaciones aquella noche, encontré un grupo de apoyo local y planeé ir a la siguiente reunión programada. Los pocos días entre hallar la información y la noche de la reunión parecieron interminables. Me corté el cabello y me lo peiné hacia arriba, me puse una camiseta de hombre que había comprado y una sudadera con capucha ajustada, y asistí a la siguiente reunión. Cuando crucé la puerta del Centro de Igualdad por primera vez, el recepcionista me preguntó: "¿Cómo puedo ayudarla, señorita?".

Estaba muy enojada. Había pensado que, de todos los lugares, allí me verían como un hombre. Todavía no me había dado cuenta de que necesitaría algo más que vestirme como un hombre para serlo. (Pregúntate: ¿en qué momento te conviertes en alguien del género opuesto? Si vestirme como hombre no me convertía en hombre, ¿lo haría un cambio de mi nombre legal? ¿Qué tal después de comenzar los tratamientos hormonales? Como aún tenía que aprender, las hormonas no cambian tu ADN, que está contenido en cada célula de tu cuerpo).

Cuando comenzó la reunión, me presenté como Jake y señalé que esta nueva identidad era mi verdadero yo. Todos estaban muy emocionados por mí, y me elogiaron como si fuera un héroe. Me dijeron lo valiente que era y rápidamente me informaron sobre cómo hacer la "transición". Afirmaron que después de alrededor de un año de terapia hormonal, nadie sabría que yo había sido una mujer. Este era mi boleto al paraíso en la tierra: era todo lo que había soñado toda mi vida. Todos los recuerdos y sentimientos de la infancia regresaron, y supe en un instante que, en verdad, estaba destinada a ser un hombre. Me convencieron: piqué el anzuelo con carnada y todo. No importaba cuánto tiempo tomaría o cuánto costaría, estaba decidida.

Me apresuré a comprar un guardarropa completamente nuevo de prendas de hombre y regalé mi ropa de mujer a la tienda local de segunda mano. En cuestión de días, compré fajas para el pecho (camisetas extremadamente ajustadas que sujetan los senos para que queden planos) y una prótesis genital de hombre. Estaba en la cima del mundo. No entendía a cuánto peligro me estaba exponiendo. En ese momento, apenas se oía hablar de la gente trans. Nadie esperaba que una mujer se vistiera como un hombre y tuviera un bulto en los pantalones.

Poco después, me embarqué en el primer paso de la transición: la terapia. No deseaba que llegara; lo último que quería era hablar con alguien y explicarle mis sentimientos.

Estaba tratando de escapar de mis sentimientos y, ciertamente, no quería dejar entrar a una persona extraña a mi vida privada. Aún más que eso, tal vez, fue que siempre había considerado que aquellos que necesitaban terapia eran débiles e inferiores. La terapia era para las personas que no podían entenderse a sí mismas. Y yo pensaba que me entendía por completo. Creía, como muchos que se identifican como homosexuales o transgénero, "no estoy rota", pero había caído trágicamente en el engaño; estaba desesperadamente rota.

No obstante, en ese momento, al menos en Oklahoma, ver a un psicólogo o psiquiatra era un requisito legal para comenzar la terapia hormonal. Necesitaba un mínimo de tres sesiones de una hora, y eso llevaba su tiempo. El terapeuta solo tenía disponibilidad para programar una cita cada dos semanas. Estaba tan desesperada por comenzar mi transición, que hubiera preferido sentarme en una sola sesión de veinticuatro horas para terminar todo de una sola vez; pero no, tenía que soportar la agonía de un retraso de casi seis semanas. Esto había frenado contundentemente mi afán de arrojar a Laura a la basura y embarcarme en otra vida como Jake.

A la mitad de la sesión final, estaba nuevamente conversando con la terapeuta y esperando que pasara el tiempo para completar otra hora requerida. Sin prestar atención a la conversación, se detuvo de repente, levantó la vista de sus papeles y me miró conmovedoramente a los ojos. Luego dijo en voz baja:

—Vaya, tienes un serio conflicto con tu mamá.

Me tomó completamente por sorpresa y me hizo enojar. Pensé que habíamos estado hablando de cómo toda mi vida me había sentido hombre, y ¿cómo es que de repente empezamos a hablar de mi madre?

—¡*No* estoy aquí para hablar de mi mamá! —le respondí con enojo.

Me miró por encima del borde de sus gafas y con una voz suave, casi de derrota, dijo:

—Entonces, ¿solo quieres que te dé tu carta?

(Era una carta de recomendación para llevar a un médico a fin de comenzar la terapia hormonal).

—¡Sí! Eso es todo lo que quiero. ¡No necesito terapia!

Ella suspiró, pero accedió a regañadientes. Lo que más me entristece de este encuentro es que creo que la terapeuta sabía que un conflicto con mi mamá estaba causando mucho de mi deseo de ser un hombre. Ciertamente, ese no era todo el problema, pero creo que ahí es donde comenzó desde muy temprano en la infancia. De hecho, descubrí varios años después, cuando necesitaba una carta de recomendación de la terapeuta, que mi disforia de género no impediría mi desempeño laboral, que en realidad ella nunca lo había diagnosticado oficialmente. Me había dado una carta para comenzar la terapia hormonal para la transición solo porque yo lo quería. No había diagnosticado médicamente que lo necesitaba.

Con la carta en la mano, pronto encontré un médico en la ciudad que me iniciaría los tratamientos de testosterona y monitorearía mis niveles, y así comencé la terapia hormonal. Aunque estaba emocionada por el camino que tenía por delante, deseaba desesperadamente escapar de mi identidad femenina y encontré que los primeros meses de transición fueron dolorosamente lentos. Sin embargo, después de unos meses, mi voz había cambiado de manera significativa, me estaba creciendo vello facial y corporal y tenía mucha más energía y deseo sexual. Estaba en la cima del mundo. Creía que estaba en el camino hacia la verdadera libertad y la felicidad duradera.

Así que, a principios de 2008, estaba comenzando a hacerme pasar como un hombre llamado Jake. ("Pasar" es un término que usan las personas trans para describir que los extraños las perciben conforme al sexo elegido y no como su sexo de nacimiento). Después de conocer a "Jackie", una persona trans de hombre a mujer, con quien comencé a salir, rompí con mi novio con quien había estado conviviendo durante más de cuatro años. Allí estuvo otra vez la gracia de Dios sobre mí. Solo unos meses después de romper con él, descubrí que una noche, en estado de ebriedad, había disparado su pistola calibre cuarenta y cinco en su apartamento y la bala había pasado rozando la cabeza de su nueva novia. Posteriormente, lo arrestaron por intento de asesinato. Afirmó que no tenía intención de matarla, pero podría haber sido yo fácilmente en lugar de ella, y la bala podría no haber fallado.

UN NUEVO HOMBRE

Los primeros años de transición fueron una completa felicidad. (Desde entonces, escuché de muchos otros individuos anteriormente transgénero, que también experimentaron este "período de luna de miel"). Tuve muchos hitos en el camino para celebrar: cambio de voz, crecimiento del vello, cambio de nombre legal, primera vez que pasé como hombre en público y comenzar un nuevo trabajo como hombre. "Jackie", cuyo verdadero nombre era Steve, parecía ser mi alma gemela. De hecho, al principio de nuestra relación descubrimos que "Jacqueline" era la forma femenina de "Jacobe". Eso era algo que atesorábamos juntos. Aunque teníamos bastante diferencia de edad (él era mayor), encajábamos como un guante en la mano. Sin embargo, la diferencia de edad se agravaba porque yo vivía como si fuera el hombre de la relación, y él la mujer.

Nadie podría haber imaginado entonces el tapiz de amor, perdón y redención que Dios estaba tejiendo.

Cuando les conté la verdad a mis padres (como lo relato en la Introducción), les pareció que mi transición a un hombre y estar en pareja con una "mujer" era el fin del mundo. Su mundo pacífico se había derrumbado, y sus corazones estaban destrozados (y ese día, descubrí años después, había sido su cuadragésimo aniversario de boda). Estaban completamente perdidos y no sabían qué hacer. Nadie podría haber imaginado entonces los milagros inefables que Dios haría en nuestras vidas y el tapiz de amor, perdón y redención que Él estaba tejiendo. Muchos de esos hilos tejidos con precisión eran de Steve. Dios lo usaría poderosamente en mi vida.

Sin embargo, la parte trasera del tapiz, que todos podían ver, era horrible y desprolija. Los extremos deshilachados de los hilos sobresalían en patrones ininteligibles, y las líneas que se entrecruzaban parecían no tener una conexión sensata entre sí. Les parecía que no había esperanza para mí. Aunque mis padres me suplicaron que asistiera a consejería cristiana, yo no quería tener nada que ver con Dios ni con los consejeros. En un intento de manipularlos para que me dejaran en paz, se me ocurrieron razones por las que creía que Dios estaba de acuerdo con mi transición. Sin embargo, con toda sinceridad, esas palabras no eran más que una estrategia. No me importaba lo que Dios pensaba en lo más mínimo. Con total desesperación y dolor, sintieron que su hija había muerto.

Y, en lo que a mí respecta, Laura había muerto. Mi objetivo durante los próximos años era borrar por completo la existencia de Laura. Esta fue una de las razones por las que elegí el nombre "Jake". Aparte del hecho de que "Jake" era un personaje frecuente en las historias de fantasía que había escrito en mi infancia, quería un nombre lo más alejado posible de Laura y que nunca se confundiera con un nombre femenino. Muchas personas trans eligen la forma femenina o masculina de su nombre (cualquiera que sea el género opuesto). Robert podría convertirse en Roberta, Tony podría convertirse en Tonya, Estefanía podría convertirse en Esteban, y así sucesivamente; pero yo no quería ningún recordatorio de mi nombre real.

En 2008, cambié legalmente mi nombre a Jacobe Nathan Perry. Pensé que deletrear Jacob de manera diferente me daría una especie de ventaja genial, pero Dios finalmente lo usó para hacer que lo odiara. Tenía que corregir a la gente todo el tiempo, y muchas veces lo pronunciaban mal a propósito para burlarse de mí. Elegí el segundo nombre Nathan por mi segundo hermano que murió, más cercano a mi concepción. En cierto modo, sentí que podía vivir indirectamente a través de mí. Incluso traté de convencerme de que yo era Nathan reencarnado, pero que algo cruel sucedió en el útero que me dio un cuerpo femenino por error. Me obsesioné tanto con esta teoría que contacté a una mujer que escribía sobre la reencarnación y le pregunté si pensaba que yo podría ser mi hermano reencarnado. Nunca volví a saber de ella. Suena tan ridículo para mí ahora, pero hablaba en serio, y estaba desesperada por creerlo.

UN ESTÍMULO DE DIOS POCO PROBABLE

Steve era perfecto para mí en muchos sentidos. Además de que nos llevábamos muy bien, el hecho de que fuera transgénero era la solución perfecta para mi problema. Aunque me creía un hombre heterosexual normal, me seguían atrayendo los hombres. Había intentado salir con una mujer varias veces, pero la verdad era que no quería tener nada que ver con las mujeres. Me disgustaba el cuerpo femenino y no me interesaba estar cerca de mujeres en ese momento. Aunque había intentado tener novias varias veces en mi vida, a menudo me había "enamorado" de mujeres que estaban enamoradas de un hombre. Me había sentido igual de rechazada por las mujeres. Y mi deseo de "conquistar a una mujer" no tenía que ver con desear a las mujeres, sino con hacerme sentir como un hombre. Había tratado a todas las mujeres como objetos desechables, tal como me había sentido durante muchos años. Estar con otro transgénero me permitía estar sexualmente con un hombre, pero, aun así, aparecer ante el mundo como si tuviera novia. Por eso estaba por demás contenta de dejar que mis padres creyeran que "Jackie" era realmente una mujer.

Durante el año siguiente, Steve y yo buscamos la felicidad en nuestro nuevo estilo de vida. Estábamos enamorados de nuestras nuevas identidades, pero descubrimos que tener sexo como si fueras del sexo opuesto era extremadamente frustrante e insatisfactorio. Aunque no lo hubiéramos admitido, se estaba volviendo evidente que, si bien los cirujanos pueden reformar la apariencia externa, nunca pueden duplicar la intrincada función interna que Dios diseñó. Pronto también nos sentimos cada vez más insatisfechos con la comunidad LGBT. Después de asistir a las reuniones del grupo de apoyo durante varios meses, nos cansamos de concurrir y descubrimos que a menudo salíamos de las reuniones más deprimidos que cuando llegábamos. Una noche, tuvimos una conversación en la que tratábamos de averiguar por qué todos los que asistían a las reuniones estaban siempre tan deprimidos.

"Estas personas no saben cómo hacerlo —dijo Steve—. No te puedes obsesionar con todo. Todos se siguen quejando de su infancia. Solo tienes que aceptar quién eres y seguir adelante". Estuve de acuerdo. Determinamos que aquellos que asistían regularmente a la reunión necesitaban atención psiquiátrica adicional y tenían problemas mentales más allá de ser transgénero. Pronto nos encontramos apreciando cada vez menos a la comunidad. Si bien las actividades del "Orgullo" eran agradables, a menudo nos sentíamos como simples espectadores. Si bien los transgéneros se agrupan en una comunidad con los homosexuales, son condiciones muy diferentes y, con frecuencia, los dos grupos no se entremezclan tan bien como los medios pretenden. Lo que se suponía que era una comunidad cálida y amorosa a menudo nos hacía sentir como si no perteneciéramos. Nos sentíamos tal vez como una gota de aceite en un vaso de agua: ahí, pero no nos podíamos integrar a la comunidad. Nos excluían aún más, porque Steve era demasiado independiente para su gusto. No pensaba de manera colectiva ni seguía la corriente: era una de las tres únicas personas que he conocido en la comunidad LGBT con ideas conservadoras. Las otras dos pueden haber sido conservadoras en algunas áreas, pero liberales en otras. Sin embargo, Steve era radicalmente conservador. Lo veían como un traidor y, sin temor a la contención, se involucraba en acalorados debates con todos en el Centro de Igualdad.

Su actitud me descolocaba y me hacía reflexionar, y siete años antes que dejara el estilo de vida transgénero, Dios comenzó a plantar semillas de la verdad en mi corazón. La voluntad de Steve de ir solo contra la corriente me recordó un antiguo comercial donde un grupo completo de personas grises marcha con tristeza en una dirección y, de repente, hay una persona azul que corre en la dirección opuesta. Era obvio para todos los que estaban a su alrededor, que él no encajaba. No obstante, eso era atractivo para mí. Veía la posición de Steve como heroica. Por primera vez en mi vida no quería dejarme llevar por la

> *Por primera vez en mi vida no quería dejarme llevar por la corriente de la sociedad; quería buscar la verdad.*

corriente de la sociedad; quería buscar la verdad. Estaba desesperada por saber en qué creía y por qué.

Durante el año siguiente, ambos nos interesamos mucho en la política y comenzamos a ver grandes fragmentos de noticias conservadoras. No podía creer que, después de todos mis años de rechazar la verdad que mis padres me habían enseñado, ahora me estaba alineando con ellos políticamente. Sin embargo, no recuerdo haberles *mencionado* el tema en ese momento. El movimiento del "Orgullo" mantenía un muro de defensa contra admitir que tenían la razón, al menos en el ámbito político. Ahora bien, no lo creía *porque* ellos lo creyeran y tampoco porque Steve lo creyera. Tuvimos muchas conversaciones extensas donde me explicó la posición conservadora con gran detalle. Después de varios meses, le había encontrado sentido, y sabía que era una posición superior, particularmente en lo que respecta a la responsabilidad personal, las libertades civiles y la economía.

Nos involucramos más en la política conservadora por medio de la televisión, la radio y las conversaciones con los compañeros de trabajo. Seguíamos los debates de los candidatos con gran escrutinio y, a menudo, no dejábamos entrar al otro en la casa los días de las elecciones si no teníamos una pegatina que dijera "Yo voté" en nuestras camisas. Sin embargo, cuanto más discutíamos sobre política conservadora, menos bienvenidos éramos en los círculos LGBT. En 2009, nos aislamos del grupo por completo, dejamos de asistir a las reuniones y comenzamos a vivir como ermitaños. Todo lo que necesitábamos era el uno del otro, y en eso se había convertido la vida.

ME SAQUÉ ALGO DE ENCIMA

Durante ese año, comencé a tener severos problemas en la espalda debido a las fajas en el pecho. Puesto que estaba desesperada por olvidarme de mi cuerpo femenino, las había estado usando las veinticuatro horas del día, y solo me las quitaba para ducharme. Tenía la espalda rígida y llena de contracturas, y mi quiropráctico me aconsejó que las usara solo cuando fuera absolutamente necesario. En cambio, decidí que tenía que someterme a una cirugía de reconstrucción torácica de inmediato. Había estado planeando someterme a la cirugía de todos modos, pero esta urgencia me hizo dejar de lado las precauciones financieras y programarla lo antes posible. Elegí al cirujano de reconstrucción torácica de mujer a hombre mejor calificado del mundo, ubicado en San Francisco, y programé la primera cita disponible. Después de algunas preguntas breves y una copia de la carta de la psicóloga del año anterior, iba rumbo a deshacerme de los pesados senos que tanto despreciaba.

Varios meses antes de la cirugía, conseguí un nuevo empleo como guardia de seguridad en una planta de vidrio. Mi jefa, que se identificaba como lesbiana y tenía una "esposa", apoyó totalmente mi transición y, con mucho agrado, me ayudó a planificar mi viaje. Ahorré cada centavo que pude, y Steve pagó todas las facturas de la casa durante varios meses él solo. Junto con un préstamo por el monto máximo para el que calificaba y varias tarjetas de crédito al límite, llegué a San Francisco con la cirugía pagada.

Días antes de irme, mi "tía Shirley", que, aunque no era pariente consanguíneo, había sido la mejor amiga de mi mamá y muy cercana a mí cuando era niña, me envió un correo electrónico. Al parecer, mi madre le había contado mi plan para la cirugía. Me rogó que no me operara y afirmó que esa idea venía "del fondo del infierno". Su carta me enojó tanto, que de repente no tuve ganas de hablar con una de las pocas mujeres que realmente había amado y apreciado en mi vida hasta ese momento. Ese día fue uno de los peores días de la vida de mis padres. Estaban devastados e incrédulos ante lo que su hija estaba decidiendo hacer. Sin embargo, no sabían que mientras estaba acostada en la mesa de operaciones y observaba las líneas de "corte" punteadas de color púrpura sobre mi pecho, como algo salido de una película de terror, Dios volvería a alcanzarme.

De repente tuve mucho miedo de no despertar nunca. Las palabras de mi tía Shirley resonaban en mis oídos. Recordé el terror de la noche del accidente automovilístico y me pregunté: *¿Estaba realmente en las garras de Satanás?* El miedo se intensificó, y los minutos que esperé al anestesiólogo fueron unos de los más angustiosos de mi vida. Luché una y otra vez con la idea de cancelar la cirugía. Justo antes que entrara a la habitación, miré al cielo raso en un intento de mirar el cielo. En una oración simple, pero ferviente, clamé a Dios: "Por favor, no me dejes morir. Te ruego que me perdones y me permitas despertar de esto". Aunque permanecí enojada con mi "tía" y no le hablé durante años, sus palabras y las oraciones de mis padres y sus amigos me llevaron a orar por primera vez en muchos años. Estoy muy agradecida por su disposición a hablarme a pesar de que sabía que me enojaría con ella. Desde entonces, me he preguntado si sus palabras, que me impulsaron a orar en la mesa de operaciones, pueden haberme salvado la vida.

> En el fondo, sabía que lo que estaba haciendo estaba mal y que podría costarme la vida y, posiblemente, la eternidad.

En el fondo, sabía que lo que estaba haciendo estaba mal y que podría costarme la vida y, posiblemente, la eternidad. Sin embargo, quería tanto lo que quería, mis deseos eran tan fuertes, que estaba dispuesta a jugármela. Estaba tan desesperada por tener el pecho de un hombre y borrar todo recuerdo de ser mujer, que descarté toda razón y me operé. Lo siguiente que supe fue que todo había terminado. No podía creer la diferencia: ¡mi pesado pecho de repente se sentía mucho más ligero! Estaba en la cima del mundo. Rápidamente, olvidé mi clamor a Dios y no podía esperar para, al fin, poder adoptar por completo mi identidad masculina.

A pesar de mi olvido, Dios honró mi oración y salvó mi vida. ¿Me habría perdonado la vida incluso si no hubiera orado? Muchas personas trans se han sometido a cirugía sin morir. Nunca lo sabré con certeza. Lo que sí sé es que Dios me perdonó la vida cuando no lo merecía en lo más mínimo.

CAPÍTULO 8

La celda de mi prisión

Unas semanas más tarde, volví a mi trabajo como si estuviera en las nubes. Había visto fotos de otros "hombres trans" sin camisa y con una sonrisa de par en par en sus rostros. Apenas podía contener la anticipación de euforia y libertad que ahora podría experimentar. Sin embargo, algo me molestaba… y mi jefa pronto se dio cuenta. Me confrontó al poco tiempo de haber regresado y me dijo: "No sé qué te pasa, pero estás con la cara larga. Estás desmotivado y deprimido, y no estás trabajando tan bien. Quiero al antiguo Jake de vuelta".

Me quedé pasmada. *¿De qué está hablando?* —pensé con enojo—. *Soy más feliz de lo que he sido en toda mi vida. Esto es lo que siempre he soñado.* Le di la excusa de que todavía estaba adolorida por la cirugía y que solo necesitaba volver al ritmo del trabajo, y ella dejó el tema. Sin embargo, mientras estaba sentada pensando en lo que ella había visto en mí, tuve que confesar que estaba muy deprimida, pero ¿por qué?

No quería admitirlo, pero había al menos dos razones que no podía negar. Una era que sentía que no tenía nada más por lo que vivir. Había esperado toda mi vida y gastado todo mi dinero para convertirme en un hombre; consideraba esa cirugía como el pináculo de mi vida, y ahora todo había terminado. Las opciones para la cirugía de la parte inferior eran horrendas y rara vez daban buen resultado. Trágicamente, no lo supe hasta después de mi cirugía de tórax. Había planeado sin ninguna duda someterme a una reasignación genital también; pero, aunque los resultados esperados hubieran sido mejores, nunca podría pagarlo. La única opción que producía un resultado algo realista, llamada faloplastia, habría costado más de cien mil dólares en ese momento. Y estaba desesperada por hacerme esa cirugía. Sin embargo, no fue hasta después de mi cirugía de tórax que comprendí que tal vez tendría que descartar la cirugía de la parte inferior.

Peor aún, me di cuenta de que mi cirugía no me había convertido en un hombre. Ahora era legalmente hombre, pero lo único que había cambiado, además de un documento de identidad, era que ya no tenía senos. No era más hombre de lo que había sido antes de la cirugía. Simplemente, ya no tenía que usar fajas en el pecho. Estaba un poco desilusionada, pero aún no estaba lista para renunciar a mi identidad masculina.

LA PREPARACIÓN DEL TERRENO

Dios usaría mi trabajo para comenzar a plantar las semillas de la verdad, que crecerían muchos años después. Además de ver noticias conservadoras en la televisión con Steve, comencé a desarrollar un interés poco común en el trabajo. Al mirar atrás, veo que Dios me había dejado un camino marcado con migas de pan como en la historia de Hansel y Gretel, con la diferencia de que yo no sabía que estaba perdida. Sin embargo, en su divina providencia, preparó el terreno para mí con años de anticipación.

En las semanas posteriores a mi cirugía, me asignaron a cuidar la puerta de entrada de empleados a la planta de vidrio. Rara vez tenía algún tipo de actividad en mi día aparte del cambio de turno, así que pasaba horas sentada en una silla, escuchando la radio. Al principio, escuchaba mi típica estación de música de *rock* pesado; pero a medida que transcurrían las horas, la música era insuficiente para pasar el tiempo y apenas amortiguaba la punta de mi aburrimiento. Entonces, me di cuenta de que disfrutaba mucho más del programa matutino de radio que el de la música. El tiempo pasaba mucho más rápido, y podía disfrutar de la conversación más que de la monotonía de las mismas canciones repetidas a lo largo del día.

Entonces, comencé a pasar de una estación de radio a la otra después que terminaba el programa matutino, en busca de cualquier programa radial que pudiera animar el abatimiento del día. Estaba intrigada por el programa de política que descubrí en una estación local, y rápidamente, se convirtió en una rutina diaria escuchar el programa matutino en la estación de *rock* y luego pasar al programa de política conservadora. Con el tiempo, me interesó tanto la política, que pronto dejé de escuchar las bromas sin sentido del programa matutino de la estación de *rock*. El programa de política del que me había convertido en fanática era el mismo programa en el que, años más tarde, escucharía la proclamación audaz de la verdad. Durante los próximos seis años, Dios ablandaría lentamente mi corazón hacia la verdad y hacia Él, por medio de esa estación de radio.

DISONANCIA COGNITIVA

No dispuesta a admitir que mi ambición de convertirme en hombre había fracasado, dos años después, en el otoño de 2011, me extirparon todos los órganos femeninos. Un ginecólogo convenció a la compañía de seguros de que era un procedimiento médicamente necesario y no con fines de transición. Estaba agradecida de que nunca más volvería a tener ciclos menstruales.

Pensé: *Seguramente, la extirpación de los órganos femeninos me hará más hombre. No quedará nada que me identifique como mujer.* Sin embargo, semanas después de esa cirugía, nuevamente, supe que nada había cambiado. Me sentía desolada. Estaba tan desesperada por creer que podía ser hombre, que me obsesioné con encontrar una prótesis de pene realista y probé muchos tipos diferentes con varias funciones. Los probé con correas, con pegamentos, con varias formas de sujetarlos en el intento de conseguir uno que se sintiera real. Me había sumido en una obsesión muy morbosa por este símbolo de virilidad y tenía tanto desdén por mis padres, que secretamente deseaba que murieran para poder contar con el dinero de la herencia. Me dejé llevar por este impulso como si nada más en el mundo me importara.

En ese momento, ningún seguro cubriría la cirugía de faloplastia, y sabía que el dinero de la herencia era la única forma de poder pagarla. Aun así, las opciones disponibles eran poco prometedoras. La cirugía en realidad habría sido una serie de cirugías. El procedimiento inicial habría utilizado músculo de mi antebrazo para formar los genitales y me habría dejado una cicatriz horrible que requeriría injertos de piel. En última instancia, probablemente nunca más habría experimentado ninguna sensación sexual; pero si lo hubiera podido pagar, lo habría hecho. Quería ser un hombre más de lo que quería sexo. Esta revelación muestra la profundidad de mi desesperación: había estado obsesionada con el sexo y había sido adicta al sexo durante años, pero estaba dispuesta a prescindir de ello para siempre, con tal de ser un hombre.

Empezó a aparecer una horrible realidad. Un día, mientras manipulaba mi prótesis e intentaba orinar, me di cuenta de que, aunque me la injertaran quirúrgicamente y la formaran con mi propio músculo, aun así, sería falsa. Injertarla permanentemente a mi cuerpo no iba a convertirme en un hombre. Odiaba ese pensamiento, y era una realidad aplastante. Fue en ese momento que recuerdo sentir como si Satanás hubiera revelado su mano sobre mí; no pudo evitar regodearse. Mientras sentía que me tenía dominada, me recordó todo lo que yo había sacrificado para hacer esto. Durante los siguientes meses, comencé a darme cuenta de esto cada vez más. Entonces no lo sabía, pero Dios estaba comenzando a revelarme la verdad que aún no podía enfrentar.

En realidad, comenzó con Steve. Dios lo usó como una especie de espejo para ayudarme a ver en él la verdad que yo no podía ver ni aceptar en mí misma. Aunque nos esforzábamos por invertir los roles en nuestra relación, había algo en él que era claramente masculino. Era más profundo que un movimiento brusco de su mano o el tono de su voz: no se dejaba llevar por las emociones y poseía instintos naturales de protección y sustento que yo no tenía. Traté de convencerme de que poseía esas cualidades, pero no las tenía. Aunque ciertamente alguien podría adiestrarse a desarrollar esas cualidades, él las tenía de manera innata. No obstante, mucho más allá de eso, había algo más profundo. Me recordaba mucho a mi hermano y a mi padre. Y cuanto menos femenino actuaba, más comenzaba a sentir que realmente lo conocía. La máscara comenzó a deslizarse y, con el paso de los años, "Jackie" terminó en las sombras, aunque no lo reconoció de forma abierta.

Comenzó con una intervención, creo, de Dios, aunque en ese momento nunca le habría dado crédito a Dios. El hermano de Steve, de quien se había distanciado un poco durante varios años, apareció en nuestra puerta sin previo aviso. Estábamos en nuestro apartamento cuando sonó el teléfono y lo llamé en voz alta desde el otro lado de la habitación: "Cariño, alguien llamado DE está al teléfono. ¿Quieres que responda?".

Él dijo: "Ah, es mi hermano. DE son sus iniciales". Respondió y se preparó para una conversación sorpresiva, aunque también bienvenida. Pero de repente, se quedó pálido cuando se dio cuenta de que su hermano estaba parado frente a nuestra puerta principal a centímetros de una ventana abierta. Sin duda, me había escuchado llamar a Steve "cariño". Steve se quitó rápidamente la peluca y se puso una camiseta vieja y holgada, en un intento de ocultar los senos que le habían crecido por el estrógeno, y nerviosamente lo hizo pasar. Su hermano contó que había tenido que hacer un viaje a otro estado, y que *resultó ser* que nuestro apartamento estaba bastante cerca como para pasar y hacer una visita. No teníamos ni idea de que tenía la dirección. Steve me presentó como su compañero de cuarto y luchamos durante varias horas de conversación incómoda antes que finalmente partió para continuar su viaje de regreso.

Sin embargo, después de este encuentro, pareció que Steve volvió a la realidad. Por primera vez desde que nos conocíamos, parecía menos interesado en ser mujer. No lo admitió de forma directa, y no estoy segura de que ni siquiera lo supiera conscientemente. Sin embargo, parecía querer volver a ser el hermano de su hermano. Durante los siguientes meses, se comenzó a interesar cada vez más en las cosas que le interesaban a su hermano y se convirtieron en los mejores amigos, aunque vivían en distintos estados. A partir del año siguiente, Steve comenzó a hacer un viaje anual para pasar unas seis semanas con su hermano.

Con el tiempo, me quedó claro que Steve no era una mujer, y pronto dejó de hacer cualquier esfuerzo a no ser comprar ropa de aspecto andrógino en la sección de mujeres. Se compraba una camiseta de color amarillo pálido con escote en forma de V o algo por el estilo que no fuera exactamente masculino, pero ciertamente no era un top bonito y femenino. Dejó de usar la peluca, el maquillaje y los zapatos femeninos, en casa y en público. Sin embargo, no admitió que convertirse en transgénero había sido un error. Durante los años siguientes, continuó trabajando como Jackie, con nada más que una camisa amarilla y un bolso a cuestas para identificarse como mujer.

Sin todos los adornos exteriores (ropa femenina, peluca y maquillaje), se parecía poco a una mujer. A pesar de tener senos, quedaba claro que, por su constitución, era un hombre. Además, en su carrera como técnico de carrocería, era difícil hacerse pasar completamente por una mujer con su ropa de trabajo. Para mí fue difícil de ver, porque sentí que él no estaba contento. No sabía cómo ayudarlo. Sin embargo, curiosamente, cuanto más lo veía como hombre, más me atraía. No tanto físicamente, sino que lo que me atraía mucho era su ética de trabajo increíblemente estricta, su integridad y su sentido del deber.

Y tuve que admitir que, aunque no quería que nadie supiera que en realidad estaba "casada" con un hombre (no estábamos legalmente casados, pero nos llamábamos "esposo" y "esposa"), ya que eso me habría convertido en gay, fui mucho más feliz con él una vez que dejó caer su fachada femenina. Sin embargo, eso creó un problema: yo estaba decidida a que el mundo creyera que tenía una esposa. Por lo tanto, evité por todos los medios que aquellos que no lo conocían descubrieran que mi "esposa", en realidad, era un hombre. Las únicas interacciones sociales que teníamos juntos eran con las personas de su trabajo, donde sabían desde hacía años que él era transgénero. (Mientras yo había vivido en sigilo, sin decir a nadie que era transgénero, él lo había vivido abiertamente).

Pero, tristemente, nunca lo presenté a ninguno de mis compañeros de trabajo, y la verdad es que no teníamos amigos.

DESESPERADA POR HACER QUE FUNCIONE

Era alrededor de 2012. Estaba tratando desesperadamente de ser feliz viviendo como un hombre; pero, cuanto más pasaba el tiempo más me daba cuenta de que en realidad no era un hombre. En 2007, cuando comenzó todo este proceso, no me preocupaba el hecho de que era diferente de los hombres, porque aún no había realizado la transición. Pensé que algún día no habría diferencia entre nosotros. Sin embargo, una vez que comencé a pasar completamente por hombre sin que me vieran como transgénero, comencé a sentirme cada vez menos cómoda, en lugar de más cómo esperaba. Empecé a tener miedo de ir a los baños de hombres por temor a que me descubrieran y me violaran o golpearan. Incluso, aunque no me hicieran ningún daño físico, no quería que me descubrieran y me resultaba cada vez más imposible ocultar todas mis mentiras.

Una cosa era cuando se sabía que era transgénero, pero una vez que ya me conocieron solo como hombre, de repente tuve que reinventar todo lo que mencionaba de mi vida anterior a los veinticinco años. Por ejemplo, tenía que asegurarme de referirme a "los niños exploradores" en lugar de "las niñas exploradoras", "béisbol" en lugar de "sóftbol" y entrenadores masculinos en lugar de femeninos, etc. Además, tenía que mentir sobre todas mis relaciones anteriores, y la bola de nieve seguía rodando cada vez más rápido con cada mentira, con el peligro de que se precipitara por un barranco y me enterrara bajo un montón de mentiras que ni siquiera hubiera podido mantener.

Además, lidiar con la falsedad de mi identidad se había vuelto agotador. A las personas trans se les promete que un día nadie sabrá la verdad, y tú crees que un día realmente te convertirás en una persona del otro género. Sin embargo, independientemente de cuánto había cambiado mi apariencia, no me transformé de forma mágica en un hombre. Cada vez me desilusionaban más las prótesis falsas y tener que controlar meticulosamente mi vida para mantener la imagen. Tenía que hacer pasar todo lo que quería decir a través del filtro de "¿esto me va a delatar?". La creciente realidad de todas las cosas que tenía que hacer de manera diferente comenzaba a aplastar mi alma. Cada vez que me bajaba los pantalones, recordaba que eso no era real. Y tuve que admitirlo: aunque vivía como si fuera un hombre y todos los que me rodeaban creían que era un hombre, no era verdaderamente feliz. Tuve muchos momentos felices, especialmente cuando alcanzaba un nuevo hito en la transición; pero, una vez que hice la transición hasta lo máximo que pude, me quedé vacía y rota.

Un día, mientras escuchaba a mi locutor de radio favorito en ese momento, una pregunta que no pude responder me dejó sin palabras. Este presentador era bastante libertario y, como un orgulloso defensor de la libertad, afirmaba que las personas que se identificaban como LGBT tenían la libertad de elegir el estilo de vida que quisieran. De ninguna manera estaba en contra de los LGBT y, en efecto, habría defendido sus derechos a tal libertad por encima de sus propias creencias religiosas personales. (Ahora, personalmente no estoy de acuerdo con esta postura y, aunque no me gusta infringir la libertad de nadie, si no predicamos el evangelio y llamamos a las personas al arrepentimiento, su libertad no les servirá de nada en el infierno). Dicho esto, este locutor estaba frustrado al intentar entender el concepto trans, y mientras él y su copresentador disfrutaban de graciosas bromas sobre el tema, de repente expresó un pensamiento que parecía haber pasado por su mente de manera fugaz: "¿Por qué las personas trans siempre quieren cambiar su cuerpo de tal manera que coincida con su mente, en vez de cambiar su mente para que coincida con su cuerpo?".

Me quedé atónita con esa pregunta. No pude responder. Al principio, me hizo enojar; no quería admitir que fuera posible. Sin embargo, para ser sincera, nunca había considerado esa posibilidad. Traté de olvidar su comentario, porque no quería reconocer que había tenido otra alternativa que no era la transición física a un hombre. Convertirme en transgénero solo hubiera valido la pena si no hubiera tenido otra opción. De lo contrario, estaba viviendo deliberadamente en pecado y había lastimado a toda mi familia al mutilar de manera irrevocable mi cuerpo por nada. Debería haberme dado cuenta entonces de que lo que realmente quería era ser un hombre, no solo estar "en consonancia con mi mente". No quería que la terapia me ayudara a estar bien con ser mujer; quería olvidar que alguna vez había sido una mujer.

> *El peso de la realidad de que yo no era un hombre era como la proverbial piedra de molino alrededor de mi cuello.*

Recuerdo haber tenido una epifanía un día mientras estaba parada en un grupo de hombres afuera en un descanso del trabajo. Eso era un poco inusual ya que, en ese momento, trabajaba en una oficina mayoritariamente de mujeres. Sin embargo, ese día por la razón que fuera, éramos otros tres o cuatro hombres y yo. Había algo intangible, algo que no podía ver ni palpar o tocar, que me separaba de ellos. Yo era diferente, ya sea que me pareciera a ellos o no. Era algo mucho más profundo que la ropa que usaba, la forma en que me cortaba el cabello o la apariencia de mi pecho. Y ciertamente no se trataba de los genitales, ya que ninguno de nosotros podía ver las partes íntimas de los demás. Había algo grabado muy adentro que no podía describir ni entender, y sabía que no era uno de ellos. Recuerdo haber pensado mientras analizaba nuestra conversación, *¡no estoy diseñada de esa manera!* Odié esta nueva revelación más que nada en toda mi vida. El peso de la realidad de que *yo no era un hombre* era como la proverbial piedra de molino alrededor de mi cuello, y comencé a sentirme arrastrada a las profundidades del mar. Me estaba ahogando en el mismo mundo que había creado para mí. Y empecé a caer en una profunda depresión.

ARRASTRADA HASTA LO MÁS PROFUNDO

En busca de satisfacción, una vez más recurrí a la pornografía para satisfacer los deseos desenfrenados dentro de mí; pero cuanto más miraba, menos y menos me satisfacía. Empecé a ver actos cada vez más prohibidos, en la búsqueda desesperada de una nueva emoción. Y comencé a descubrir una verdad temible, que no entendía en ese momento: que cuando quitamos el fundamento de la Biblia como norma de verdad y moralidad, caes hasta lo más profundo. De repente, no hay fin a las profundidades a las que el pecado puede arrastrarte. El pecado nunca es un camino llano por el que puedes continuar al mismo nivel; siempre es en un espiral descendente. Como lo esclarece el siguiente versículo, cualquier cosa que desees, ya sea una mujer seductora, pornografía, drogas o cualquier otra cosa, solo te llevará a un callejón sin salida:

> Por lo cual su casa [la de la mujer seductora] está inclinada a la muerte, y sus veredas hacia los muertos (Proverbios 2:18).

Debe haber una norma superior al margen de las personas. Siempre hubo una promesa de satisfacción y realización, tanto con el transgenerismo como con la pornografía. Como con cualquier pecado, tuve momentos de felicidad por ser transgénero. Tuve momentos en que me sentía satisfecha y realizada, pero nunca duró mucho. Luego necesitaba una nueva emoción, un nuevo "sello" que me solidificara como hombre.

Cuanto más me daba cuenta de que no era un hombre, más odiaba la falsedad de todo esto. No podía soportar la idea de ser mujer. Quería tanto ser hombre, que hubiera dado todo lo que tenía. Me estaba agarrando de un clavo ardiendo, me aferraba a cualquier cosa que pudiera hacerme hombre. Incluso busqué hechizos mágicos para ver si había uno que me convirtiera en hombre. La verdad es que no creía que podían dar resultado, pero estaba desesperada. Sin embargo, cuanto más intentaba ser hombre, más odiaba las prótesis: estaba harta de que me mojara encima cuando el tubo no encajaba bien, estaba cansada de preocuparme de que se saliera de su lugar o se me cayera de mis pantalones cortos, detestaba la forma en que olía y que cada vez era más difícil de limpiar, y odiaba que no me pudiera ofrecer ningún placer sexual. Estaba harta de la ropa que nunca me quedaba bien y de que la gente señalara mi baja estatura y rasgos finos que parecían extraños para un hombre. Estaba exhausta de tapar las mentiras y cansada de inyectarme hormonas dos veces al mes. Lo que había prometido ser la libertad ahora se había convertido en mi celda. Estaba atrapada y no veía la salida.

Recordé haber escuchado años antes que una persona trans, que conocía de las reuniones y de las actividades del "Orgullo", había dejado el estilo de vida transgénero. Recuerdo burlarme de él, considerarlo débil y determinar que no había tenido las agallas de lograrlo. O tal vez lo había calificado de no ser realmente transgénero. No quería ser una más que abandonara ese estilo de vida. Hubiera preferido morir antes que volver a ser mujer; no podía enfrentarlo. Sabía claramente que nunca iba a ser un verdadero hombre, pero estaba convencida de que nunca volvería a ser una mujer. Entonces, decidí vivir la vida atrapada en algún punto intermedio, vagando en un páramo entre las dos cosas, con un sentimiento de inestabilidad, como una errabunda a la deriva en el desierto.

Sin embargo, Dios no me iba a dejar ahí. Él me había quebrado; pronto llegaría el momento de restaurarme. Esta extraña errabunda estaba a punto de resucitar.

CAPÍTULO 9

La resurrección

En el verano de 2014, casi siete años después de haber iniciado mi transición, Dios comenzó a intervenir de una manera que no esperaba. En ese momento, tenía un empleo nuevo donde había estado trabajando durante los últimos dos años. Un día, mi jefa nos llamó a otra persona y a mí a su oficina porque alguien había estado difundiendo rumores maliciosos sobre otro compañero de trabajo. Ella comenzó la reunión diciendo: "No sé ustedes, pero yo soy cristiana".

Mi compañero de trabajo y yo nos miramos fijamente. Mi corazón latía con fuerza mientras pensaba en eso por un momento. Había afirmado ser cristiana en algunos momentos de mi vida; ¿negaría ahora a Dios, aunque en el fondo conocía la verdad? No tenía un concepto real de lo que significaba ser una persona cristiana aparte de creer en Jesús intelectualmente. Mientras consideraba las implicaciones de mi respuesta, solo asentí con la cabeza. Esta simple declaración de mi jefa tuvo un profundo impacto en mi vida. Ese solo gesto con la cabeza en señal de afirmación como cristiana fue una puerta abierta para que Dios comenzara a trabajar en mi corazón. Plantó una pequeña semilla que pronto comenzaría a echar raíces.

Mi madre, con la que no tuve ningún contacto durante esos años, aparte de las ocasionales llamadas telefónicas o breves reuniones durante la cena, me pidió que creara un sitio web para su grupo de estudio bíblico. (Esos mismos conocimientos de PowerPoint que había aprendido al compartir mis detalles personales sobre la menstruación con el mundo de los suplementos vitamínicos, los ponía ahora en práctica para crear abundantes elementos visuales para su grupo). Yo había obtenido un título en desarrollo web, y ella sabía que podía crear uno. Se ofreció a pagarme por ello, y yo acepté, no por tener un corazón de siervo o por amor a su estudio bíblico o a la propia Biblia, sino por mis propios deseos egoístas. Quería el dinero. Lo que no sabía era el impacto que esto iba a tener en mi vida.

Cuando era niña, mi mamá solía llamarme "todo o nada", en alusión a mi tendencia a hacer siempre todo al cien por cien o no hacer nada. Nunca hago un esfuerzo a medias. De igual modo, dediqué todo mi tiempo libre a diseñar y programar su sitio web. Aunque ella no lo había solicitado, decidí hacer un resumen de cada lección para que los visitantes del sitio web tuvieran una idea de qué trataba cada lección. Cuando comencé a leer las páginas de sus notas, me sorprendió lo que encontré: un Dios amoroso y fiel. Todo lo que recordaba de la Biblia desde la infancia eran las reglas estrictas y sofocantes y las viejas historias polvorientas, que eran completamente irrelevantes para mi vida. Ahora, de repente había *vida* en la Biblia.

De alguna manera, nunca había podido relacionar al Dios enojado y moralista del Antiguo Testamento con el Salvador amoroso y compasivo que aparecía en el Nuevo Testamento. Sin embargo, cuando leí sus notas, descubrí que incluso en las Escrituras del Antiguo Testamento, se veían los enormes esfuerzos que Dios había hecho a fin de preparar a su pueblo para el Mesías venidero: cómo presagió su venida, cómo les enseñó acerca del Mesías por medio del templo y las fiestas judías, y cómo envió profetas para proclamar dónde y cómo, un día, el Mesías vendría al mundo. Además, este Dios fiel y paciente había hecho pactos y promesas que cumplió durante miles de años. Empecé a ver la Biblia como una entidad intrincada y sobrenatural, y no como un libro escrito por el hombre. Era demasiado preciso, estaba demasiado interconectado. Específicamente, recuerdo que ella mencionó que José (hijo de Jacob) era un tipo de Cristo y que de muchas maneras lo presagiaba. Ella había encontrado, en ese momento, más de veinticinco formas en que José tipificaba a Cristo, y algunos eruditos han encontrado muchas más.

Llamé a mi mamá y le pregunté qué significaba todo eso, porque puesto que no entendía la mayor parte, mi curiosidad me había superado. Mientras hablábamos, era como una bebida refrescante de agua para esta sedienta y cansada errabunda del desierto. Es interesante cómo puedes ver que la Biblia cobra vida en tu propia vida. Más de dos años después, leería las siguientes palabras del libro de Oseas, que describían perfectamente lo que Dios había hecho conmigo:

> Pero ahora, presenten cargos contra su madre, Israel, porque ya no es mi esposa, ni yo soy su esposo. Díganle que se quite del rostro el maquillaje de prostituta y la ropa que muestra sus pechos. De lo contrario, la desnudaré por completo, como estaba el día en que nació. Dejaré

que muera de sed, como en un desierto desolado y árido (Oseas 2:2-3, NTV).

Había estado errando por el desierto durante mucho tiempo y me estaba muriendo de sed. Y para identificarme aún más con ese pasaje, definitivamente llegaría el día en que Dios me expondría por completo y revelaría mi pecado.

UNA NUEVA CRIATURA

Pasé de casi nunca llamar a mi mamá y no querer tener nada que ver con ella a llamarla todos los días después del trabajo. De repente, todo lo que quería era escuchar la Palabra de Dios y lo que mi madre estaba aprendiendo de ella. Después de varios meses, le pregunté un día: "Mamá, ¿qué me ha pasado? Estoy a ciento ochenta grados de donde estaba. Hace seis meses, no quería tener nada que ver con Dios o la Biblia, ahora *todo lo que quiero* es escuchar acerca de la Biblia".

Ella solo dijo con una voz suave y amorosa: "He estado orando para que Dios te atraiga como un imán". Y eso es exactamente lo que Él había hecho; ni siquiera lo había visto venir. Me había sorprendido el increíble amor de Dios que había visto en la Biblia. Nunca esperé que la Biblia revelara otra cosa que no fuera condenación. Y mientras hablábamos, noté un cambio que había visto en mi madre en los últimos meses. Era radicalmente distinta a la madre que conocí de niña. Ya no tenía una religión rancia y muerta; ahora tenía una fe viva y vibrante.

Un día la llamé para pedirle consejo sobre algo dramático que me estaba sucediendo. Su respuesta fue tan inesperada que me quedé sin palabras. Me dijo: "Cariño, solo necesitas confiar en el Señor". ¡Eso me dejó perpleja! Mi mamá nunca había dicho eso. Siempre había tratado de solucionar todo por sí misma; siempre tenía un plan. Ahora se había transformado en una mujer paciente, confiada en

Dios, llena de fe y alegría. Y aún más, estaba en completa paz. Antes, mi mamá nunca parecía tener paz, ya que intentaba controlar cada crisis y mantener todo en orden. Recuerdo de niña ver el estrés que hervía en ella como si fuera un volcán a punto de estallar en cualquier momento; pero ahora eso se había esfumado, y tenía verdadera paz.

Fue en ese momento que supe que el evangelio era verdadero; no solo verdadero desde el punto de vista intelectual e histórico, sino que lo supe en el fondo de mi corazón. Sabía que Jesucristo, el Hijo de Dios, había muerto para pagar por mis pecados y que resucitó tres días después. Jesús estaba realmente vivo y tenía el poder de la resurrección. Mi mamá era una nueva criatura, y yo también quería serlo. Esa noche le entregué mi corazón a Jesús y le pedí perdón por todos mis pecados. En su misericordia, Dios me aceptó tal como estaba: era sincera, quería amar a Dios y seguir a Cristo. Quería ser un "hombre de Dios". Inmediatamente, me sentí abrumada por una sensación de pérdida total, después de haber desperdiciado gran parte de mi vida en busca de cosas que no tenían valor eterno.

Luché en los primeros días porque me sentía como un bien estropeado, una vasija con demasiadas grietas para el uso de Dios. No estaba segura de mi salvación debido a las veces que había escupido en la cara a Dios, las veces que había renunciado al nombre de Cristo, las veces que había reclamado la salvación antes y luego la rechacé, las veces que había orado a Satanás, y la lista continúa. Durante años, creí y temí haber cometido un pecado imperdonable. ¿Había llegado demasiado lejos? ¿Había esperanza para mí? ¿Esta vez sería diferente?

Un día, poco después de haber entregado mi vida al Señor, estaba en el trabajo y comencé a sentirme extremadamente inquieta. Quería con toda desesperación tener paz con Dios, pero me costaba creer que Él me perdonaría.

Recordé que mi tío me había contado años antes cómo Dios lo había salvado y le había dado una nueva vida, a pesar de que se sentía completamente estropeado y roto. Me dijo que no solo era salvo, sino que Dios lo había llamado a ser misionero, aunque se sentía indigno. Mientras bajaba por el ascensor de vidrio en el edificio de mi oficina con vista a la ciudad de Tulsa, oré y dije: "Dios, quiero servirte nuevamente, pero estoy muy estropeada. He llegado tan lejos que no sé cómo volver. Ni siquiera sé por dónde empezar".

Para mi total sorpresa, realmente escuché a Dios hablar a mi corazón con tres palabras: "Empieza con ellos". Sabía exactamente lo que Dios quería decir. Mientras pronunciaba esas palabras, estaba viendo a una pareja cruzar la calle hacia el frente de mi edificio. *No fue Dios*, traté de convencerme. Me refería a un futuro distante, como si algún día Dios me llamara a ser misionera o algo así, desde luego, solo después de muchos años de preparación. No me refería a *este* mismo instante, ni siquiera había leído la Biblia en años a excepción de lo que mi mamá me había estado enseñando en los últimos meses, y solo había hecho esa pequeña oración. Sin mencionar que no había tenido nada que ver con Dios en casi quince años.

Salí afuera a tomarme mi pausa normal para fumar, y traté de convencerme de que había escuchado mal a Dios y que la pareja seguramente ya no estaría en la calle para entonces. Para mi decepción, en realidad se habían sentado en la parada de autobús justo en frente de nuestro edificio. Mi corazón comenzó a latir rápidamente, y de pronto, apenas podía respirar. Seguí poniendo excusas y, mientras fumaba mi cigarrillo, seguía sintiendo más y más presión en mi pecho. Comencé a caminar de un lado a otro. *De todos modos, para cuando llegue allí, el autobús ya habrá pasado*, razoné, aliviada. Finalmente, terminé mi cigarrillo y caminé de regreso al edificio.

Sin embargo, sabía que debía ir a hablar con ellos. Con mucho miedo mientras temblaba como una hoja, caminé hacia afuera arrastrando los pies como si fueran de plomo. Sin embargo, a pesar de la pesadez de mis pies, mis piernas temblaban como pequeñas ramitas endebles en el viento. *¡Uf! Todavía están allí, pero no quiero que pierdan el autobús* —argumenté—. *¿Qué pasa si empezamos a conversar y luego se pierden el autobús? Será mejor que no interrumpa.* Entré y salí del edificio cuatro veces, pensando que el autobús vendría en cualquier momento y la decisión estaría fuera de mis manos.

La última vez que salí, protesté en mis pensamientos: *¿¡¿Dónde está ese autobús?!? ¡Es el autobús más lento de la historia!* Finalmente, me di cuenta de que la pata de elefante que presionaba mi pecho no se iba. Mi corazón latía con fuerza como nunca antes: ya no podía ignorarlo. Con miedo y temblor, me dirigí a la parada del autobús y tan pronto como doblé la esquina, ambos voltearon hacia mí simultáneamente con una expresión que parecían esperar que dijera algo. Estaba estupefacta. No sabía qué decir. Seguía pensando que Dios lo dejaría perfectamente claro cuando llegara allí, pero no lo hizo. En lugar de eso, dije lo primero que se me ocurrió: "Hola, nunca hago esto, pero siento que Dios", y luego Dios comenzó a darme una palabra a la vez, "me pide… que *ore…* por ustedes". Rápidamente, agregué: "¿Tienen alguna necesidad especial por la que podría orar?".

Parecía una imbécil después que lo dije. Pensé que Dios me daría una gran palabra profética o algo así; pero tan pronto como lo dije, para mi sorpresa, lágrimas comenzaron a correr por sus rostros. Me contaron que se acababan de mudar a la ciudad el día anterior, que no tenían dinero, ni trabajo y que no conocían a nadie. Traté de tragarme el nudo en mi garganta; en realidad nunca antes había orado seriamente y, al tomar sus manos, comencé a orar lo mejor que sabía. La presencia de Dios descendió tan poderosamente, que no pude mantenerme erguida ni siquiera por un momento. Me balanceaba de un lado a otro todo el tiempo que oraba, como si estuviera en un columpio. Menos mal que estaban sentados, sino los habría tirado al suelo juntamente conmigo.

Después que terminé de orar, les di algo de dinero para el pasaje en autobús y me dirigí de regreso al edificio. En ese instante, fue como si una luz brotara de mí, y sentí un cambio radical. Sabía que Dios no había terminado conmigo, que me había perdonado y que había misericordia para mí. No era que el acto de orar por ellos me hubiera hecho ganar la salvación, ¡de ninguna manera! No obstante, creo que en ese momento creí plenamente en Dios y supe que incluso podía haber salvación para mí. Ahora bien, no había vuelta atrás. Entré otra vez a la oficina y me sentí más ligera que el aire. ¡Las cargas de mi corazón realmente se habían ido! Pasé el resto del día escuchando nada más que los himnos que acostumbraba escuchar en la iglesia cuando era niña. Mi corazón estaba cantando. Al igual que mi madre, yo también había sido transformada.

Quiero animarte a que si hay algo que Dios te ha pedido que hagas, no ignores su voz. Tal vez no comprendas por qué y es posible que ni siquiera veas inmediatamente los verdaderos resultados. Sin embargo, si no hubiera obedecido, no estoy segura de que hubiera puesto mi *fe* verdaderamente en Jesús, que hubiera confiado en Él en todos los aspectos de mi vida y que hubiera caminado en el Espíritu. Había creído en Él para la salvación de mis pecados, pero ahora creía en Él para que realmente fuera el Señor de mi vida.

De vuelta en el escritorio de la oficina, las cosas que había aprendido y escuchado a lo largo de mi infancia vinieron sobre mí como una ola de profunda comprensión. Mientras reflexionaba sobre las palabras de muchos de los himnos que había escuchado sin cesar en la iglesia, su letra comenzó a penetrar en mi corazón. Nunca había comprendido por qué o cómo había "poder en la sangre". Ahora, de repente, todo tenía sentido para mí. A pesar de haber rechazado a Dios y toda la verdad que había escuchado al crecer en un hogar cristiano y en una escuela cristiana, nada había sido en vano. Todo lo que había aprendido había sembrado las semillas que estaban esperando para brotar.

A partir de ese día, no hubo vuelta atrás. Empecé a cambiar de tal manera, que al principio no creo que Steve entendiera lo que estaba sucediendo. Después de no querer ni oír hablar de cristianismo o religión durante los seis años y medio que habíamos estado juntos, ahora no podía dejar de hablar de lo que Dios estaba haciendo en mi vida. Lentamente, Steve también comenzó a ablandarse hacia Dios. El Señor había usado a Steve en mi vida para volverme hacia la verdad política, y ahora Dios me estaba usando para hacer volver el corazón de Steve hacia Él. No solo comencé a testificar en casa, sino que también daba testimonio a mis compañeros de trabajo de lo que Cristo había hecho en mí. Dios me aceptó tal como era, aunque necesitaba mucho perfeccionamiento, y comencé a testificar de Jesús a mis amigos del "foso de humo", donde nos tomábamos una pausa para fumar en el trabajo. Fue allí donde Él me enseñó cómo testificar de mi fe y hablar a los demás con amor y valentía. Cuanto más testificaba de mi fe, más audaz me volvía y más confianza tenía en la obra que Él había hecho en mi corazón. Además de testificar en el "foso de humo", comencé a tener, cada día, profundas conversaciones espirituales con mi jefa.

UNA PUERTA DE ESPERANZA

Al igual que en el libro de Oseas, que mencioné anteriormente, la intención de Dios al atraerme al desierto y matarme de sed no fue para dejarme marchitar, sino para traerme de vuelta. Si tú o alguien que amas está errando por el desierto, ¡anímate! El capítulo 2 de Oseas continúa:

> "La castigaré por todas las ocasiones en que quemaba incienso a las imágenes de Baal, cuando se ponía aretes y joyas y salía a buscar a sus amantes olvidándose de mí por completo", dice el SEÑOR. "Pero luego volveré a conquistarla. La llevaré al desierto y allí le hablaré tiernamente. Le devolveré sus viñedos y convertiré el valle de [Acor] la Aflicción en una puerta de esperanza. Allí se me entregará como lo hizo hace mucho tiempo cuando era joven, cuando la liberé de su esclavitud en Egipto. Al llegar ese día —dice el SEÑOR—, me llamarás 'esposo mío' en vez de 'mi señor'" (Oseas 2:13–16, NTV).

El Valle de Acor es un lugar interesante al que se hace referencia en ese pasaje de Oseas. Acor significa "aflicción". Le pusieron ese nombre, porque es el lugar donde apedrearon a Acán y su familia por su pecado (ver Josué 7) y, sin embargo, Dios dijo que lo convertiría en una puerta de esperanza. El lugar donde hallé la salvación estaba a menos de siete kilómetros de donde había comenzado mi viaje transgénero. Eso fue en octubre de 2014. Aunque se había abierto una puerta de esperanza, en ese momento, realmente creía que podía ser un "hombre de Dios", pero Él fue paciente y misericordioso conmigo, y no me dejó en esa condición. No estaba viviendo voluntariamente en pecado en ese momento; sino que creía que Dios estaba de acuerdo con que yo fuera Jake. Me había convencido a mí misma de que Dios tenía la intención de hacer de mí un hombre.

Poco después de haber entregado mi vida a Cristo, me desperté en medio de la noche y noté que el ventilador de techo estaba formando sombras extrañas en el cielo raso. De repente, me di cuenta de que no eran del ventilador y que había varias figuras oscuras que giraban alrededor de la habitación. Mientras yacía allí congelada por el miedo, no sabía qué hacer. Recordé la canción que había escuchado recientemente de 7eventh Time Down, "Solo di Jesús":

> Cuando no sepas qué decir,
> solo di Jesús.
> Hay poder en el nombre,
> el nombre de Jesús.
> Si no te salen las palabras
> porque tienes miedo de orar,
> solo di Jesús.[1]

Clamé a Jesús, apenas capaz de hablar al principio. De hecho, la primera vez que lo intenté, no me salió ninguna palabra. Sentí como si una fuerza de opresión me estuviera tapando la boca o tal vez como si mis labios hubieran estado pegados. Sin embargo, cada vez que pronunciaba el nombre de Jesús, sentía que el dominio se debilitaba y podía pronunciarlo un poco más fuerte. A la cuarta o quinta vez, lloré con todas mis fuerzas, y las figuras se hicieron humo. Sabía que Satanás me perseguía para destruirme, pero Jesús había demostrado que Satanás ya no tenía poder sobre mí. Satanás podría asustarme y podría tentarme a quedar atrapada en el pecado, pero no podría robarme el alma.

En ese momento, realmente creía que podía ser un "hombre de Dios", pero Él fue paciente y misericordioso conmigo, y no me dejó en esa condición.

---

1. "Just Say Jesus", letra de Cliff Williams/Ian Eskelin/Mikey Howard, © Music Services, Inc., traducción libre.

HAMBRIENTA POR LA PALABRA

Durante el próximo año y medio, Dios me dio un hambre insaciable por su Palabra. Comencé a escuchar y devorar todas las enseñanzas que encontraba: la Biblia en audio, las lecciones de mi madre y otros estudios bíblicos en línea. Tenía tanta hambre de la Palabra que la escuchaba todo el día en el trabajo y, cuando finalmente no fue suficiente, comencé a escuchar aún más en la computadora de mi casa. Sin embargo, eso fue una espada de dos filos. Mientras alimentaba y nutría mi alma, también sentía convicción de pecado, y seguía teniendo que encontrar nuevas formas de justificar el hecho de vivir como hombre.

Traté de convencerme con todo tipo de razonamiento, desde pensar que debía de tener alguna condición genética; creer que Dios siempre había querido que fuera varón, pero un defecto de nacimiento hizo que naciera niña; hasta tergiversar las Escrituras para adaptarla a mi estilo de vida. Específicamente, me aferraba a 1 Corintios 7 donde Pablo dice que permanezcan en la condición en que fueron llamados. Las Escrituras se refieren a que, si estás casado, te quedes casado, o si estás soltero, te quedes soltero (aunque dice que no pecas si te casas), si eres esclavo, quédate esclavo, etc. Sin embargo, yo me convencí de que, puesto que había sido salva como hombre, debía permanecer como hombre.

Dios comenzó a subir la temperatura en la cocina de mi mente, y cada vez era más difícil negar el sentimiento de convicción de pecado. Traté de ignorarlo lo mejor que pude, y seguía escuchando la Palabra y absorbiéndola como una esponja. Durante años había estado escuchando programas de radio conservadores y, en los últimos meses, me había convertido en seguidora del Dr. Everett Piper, uno de los invitados habituales en un programa matutino local. Me cautivó la verdad que enseñaba sobre varios temas. Hablaba de una manera que no había oído antes. Parecía ser un orador dotado con un intelecto brillante y un gran amor por el Señor. Ese segmento de veinte minutos se convirtió en mi momento favorito de la semana, y lo esperaba con ansias todos los viernes. Incluso cronometraba mi viaje al trabajo para asegurarme de no perderme un momento, y si me lo perdía, me aseguraba de conseguir el pódcast más tarde.

Durante los meses que yo lo había escuchado, nunca mencionó el tema del transgenerismo. Hasta que un día cayó la bomba. Debería haber sabido que finalmente surgiría el tema después de haberlo escuchado abordar una plétora de cuestiones culturales desde una perspectiva bíblica. Como en el bingo, un día se pronunciaría ese número. Como era de esperar, me horroricé cuando comencé a escuchar que ser transgénero iba en contra del diseño de Dios. No recuerdo mucho de lo que dijo en ese episodio; no quería escucharlo. Cerré mis oídos, mientras la radio continuaba sintonizada en ese programa, con la esperanza de que pasara a un nuevo tema. Recuerdo claramente llegar a la gasolinera esa mañana y procesar de una manera lógica mi plan de acción. Mi programa de radio favorito había cruzado la línea. Realmente no sabía lo que había dicho, pero sabía que él no estaba de acuerdo con que yo pudiera continuar viviendo como transgénero sin vivir en pecado. O, tal vez fueron mis propias convicciones las que lo escucharon de esa manera.

Al principio me sentí un poco traicionada: se había convertido en un héroe para mí, un campeón de la verdad, y ahora llamaba a mi identidad "pecado". Aun así, ¿qué iba a hacer? Razoné que, dado que él había sido mi invitado radial favorito y no estaba dispuesta a dejarlo de escuchar por haber traspasado la barrera que yo le había puesto a la verdad, seguiría adelante y fingiría que él no lo había dicho. Después de todo, la próxima semana tratarían un tema diferente y podría olvidar que lo había mencionado alguna vez. Podría seguir viviendo en mi propia burbuja libre de convicción de pecado. En los últimos meses, había logrado convencerme de que Dios había destinado que fuera un hombre, y yo no quería que eso cambiara.

Me sorprendió cuando a la semana siguiente siguió hablando de lo mismo. *¡Ay! Dos semanas seguidas* —murmuré con tristeza—. *¿No puede hablar de otra cosa?* ¡Y siguió tocando el tema la próxima semana, y la siguiente, y la siguiente! De repente, estaba haciendo sonar la misma campana una y otra vez. Era obvio que yo tenía que tomar una decisión: dejar de escuchar por completo ese programa radial o comenzar a escucharlo de verdad. ¿Hablaba con odio o tenía razón? Escuché. Para mi asombro, lo que estaba diciendo no estaba lleno de odio. El frágil caparazón que había construido para proteger mi justificación de ser transgénero estaba comenzando a resquebrajarse. Lo que decía estaba lleno de amor y compasión, y era un llamado a una norma más alta de identificación. El Dr. Piper dijo: "Si solo estuviéramos hechos de sentimientos, instintos e inclinaciones, eso nos haría animales. Sin embargo, estamos hechos a imagen de Dios y podemos elegir nuestro comportamiento a pesar de nuestros sentimientos".

Lo último que quería en el mundo en ese momento era admitir que tenía razón, pero en el fondo sabía que la tenía. Y si la tenía, entonces necesitaba arrepentirme y volver a ser mujer. No estaba lista para enfrentarlo entonces, pero durante los meses siguientes, a medida que volvía a surgir el tema una y otra vez, Dios me repitió esta verdad.

El llamado de Cristo no es fácil. Él no nos llama a una vida de lujo y comodidad y no nos da permiso para vivir como nos plazca. Nos llama a morir a nosotros mismos y a nuestro pecado. Debemos caminar en la vida nueva que Él nos ha dado, como lo explica el apóstol Pablo: "Así también vosotros consideraos muertos al pecado, pero vivos para Dios en Cristo Jesús, Señor nuestro" (Romanos 6:11).

¿CÓMO TE DEBERÍA LLAMAR?

Por esa época, mi papá comenzó a reunirse conmigo varias veces al mes para almorzar los días que tenía una cita con el médico de la ciudad. Mi papá y yo habíamos sido inseparables cuando yo era muy pequeña, pero en los últimos años nos habíamos distanciado bastante. El pecado tiene una manera curiosa de hacer eso. Les había mentido, les había hecho perder mucho dinero, les había causado un dolor constante y, en general, nunca había apreciado los inmensos sacrificios que habían hecho por mí. De alguna manera, su amor por mí siguió eclipsando mi egoísmo. Durante los almuerzos, mi papá comenzó a hablarme emocionado sobre lo que estaba estudiando: la profecía de los últimos tiempos, los acontecimientos actuales en el mundo que eran un cumplimiento de la profecía y las señales del regreso de Cristo. Seguía repitiéndome que Jesús podía volver en cualquier momento. A medida que conversábamos, yo también comencé a ver que las profecías se estaban cumpliendo, y me emocioné por el retorno de Cristo: estaba lista para el cielo, o eso pensaba.

Puesto que también seguía llamando a mi mamá casi todos los días después del trabajo, un día le pregunté por casualidad qué estaba estudiando en ese momento. Ella estaba estudiando el tribunal de Cristo. Después de explicarme lo que significaba, cómo me presentaría ante Cristo y que daría cuenta de mi vida y de lo que había hecho con el tiempo, el dinero y los talentos que Él me había dado (2 Corintios 5:10), me quedé paralizada. El tren de carga que había estado corriendo hacia la felicidad eterna en el cielo se dirigía hacia un callejón sin salida. Mi madre señaló que algunas personas se pararían frente a Cristo avergonzadas, con obras que serían equivalentes a madera, heno y hojarasca, y se quemarían (ver 1 Corintios 3). Las únicas obras que perdurarían serían las que Dios nos había llamado a hacer, hechas por medio de nuestra entrega a su Espíritu Santo, no las obras hechas en la carne que son para nuestra gloria y no dan fruto (ver Juan 15). Y mientras devoraba la Palabra y hablaba apasionadamente de ella a mis amigos, sabía que todavía vivía para mí misma de muchas maneras. Aunque me había obsesionado con aprender acerca de Dios, todavía estaba tratando de aferrarme a las cosas del mundo, y perdía gran parte de mi tiempo con la televisión, los deportes y los videojuegos. Estaba buscando el conocimiento de Dios, pero no buscaba verdaderamente su voluntad, como se nos advierte que hagamos:

> Si, pues, habéis resucitado con Cristo, buscad las cosas de arriba, donde está Cristo sentado a la diestra de Dios. Poned la mira en las cosas de arriba, no en las de la tierra. Porque habéis muerto, y vuestra vida está escondida con Cristo en Dios. Cuando Cristo, vuestra vida, se manifieste, entonces vosotros también seréis manifestados con él en gloria. Haced morir, pues, lo terrenal en vosotros: fornicación, impureza, pasiones desordenadas, malos deseos y avaricia, que es idolatría (Colosenses 3:1-5).

Mientras profundizaba en las palabras de mi madre aquella noche, me preguntaba qué me estaba pidiendo Dios. Clamé a Dios y le rogué que hiciera lo que fuera necesario para que yo lo escuchara decir: "Bien, buen siervo y fiel", y que no me dejara estar delante de Él avergonzada solo con madera, heno y hojarasca. Realmente no sabía lo que estaba pidiendo, y *ciertamente* no estaba preparada para su respuesta. Él habló a mi corazón con claridad, como si en ese momento todo el mundo se detuviera, y me preguntó: "Si estuvieras delante de mí esta noche, ¿cómo te debería llamar?".

Me quedé atónita con esa pregunta. Me había convencido a mí misma que iría al cielo como Jake, que viviría el resto de mis días como un "hombre de Dios". Sin embargo, supe cuando me lo preguntó que no me llamaría Jake. No es que Dios no supiera quién era yo, sino que creo que fue un poco como cuando le preguntó a Adán en el huerto: "¿Dónde estás tú?" (Génesis 3:9). Dios sabía dónde estaba Adán, pero quería que Adán admitiera dónde estaba, que saliera de su escondite. Dios había puesto el balón en mi campo, y angustiosamente me había dado cuenta de que tenía una sola opción. Comencé a pensar en las posibilidades y traté de encontrar algún consuelo, alguna pista de aterrizaje para mis pensamientos, donde pudiera ser un "hombre de Dios" y tener confianza en que Él me aceptaba como hombre. ¿Qué pasa si me llama Laura y no me doy cuenta de que me está hablando? Se me cayó el alma a los pies; sabía que Él no me llamaría Jake. Todas las posibilidades que se me ocurrían eran ciertas: Dios me llamaría Laura. Dios había creado a Laura; Jake había sido mi propia creación, una identidad autoimpuesta, no la que Él me dio.

Dios trajo a mi mente el pasaje que había leído recientemente en el capítulo 1 de Juan, donde Juan dice: "En el principio era el Verbo, y el Verbo era con Dios, y el Verbo era Dios. Este era en el principio con Dios. Todas las cosas por él fueron hechas, y sin él nada de lo que ha sido hecho, fue hecho" (Juan 1:1-3). Lo escuché decirme: "No puedes afirmar que me amas y, sin embargo, rechazar mi creación". Empecé a sentirme condenada y sin esperanza. No podría ser una mujer. Si Dios no me aceptaba como hombre, ¿qué sería de mí?

Con el corazón aún más angustiado y creyendo que no había esperanza, escuché la voz más amorosa que he escuchado en toda mi vida susurrar: "Déjame decirte quién eres". Entonces supe que solo Dios me podía definir, porque Él me había creado. Había libertad en eso. Había estado huyendo de Dios toda mi vida tratando de definirme y de descubrir quién era yo, cuando todo el tiempo solo tenía que preguntárselo.

En el Salmo 139, el salmista describe cuán íntimamente nuestro Creador sabe todo acerca de nosotros, y que Él tenía un plan para nuestras vidas incluso antes que naciéramos:

Oh Jehová, tú me has examinado y conocido. Tú has conocido mi sentarme y mi levantarme; has entendido desde lejos mis pensamientos. Has escudriñado mi andar y mi reposo, y todos mis caminos te son conocidos. Pues aún no está la palabra en mi lengua, y he aquí, oh Jehová, tú la sabes toda. Detrás y delante me rodeaste, y sobre mí pusiste tu mano. Tal conocimiento es demasiado maravilloso para mí; alto es, no lo puedo comprender.

¿A dónde me iré de tu Espíritu? ¿Y a dónde huiré de tu presencia? Si subiere a los cielos, allí estás tú; y si en el Seol hiciere mi estrado, he aquí, allí tú estás. Si tomare las alas del alba y habitare en el extremo del mar, aun allí me guiará tu mano, y me asirá tu diestra. Si dijere: Ciertamente las tinieblas me encubrirán; aun la noche resplandecerá alrededor de mí. Aun las tinieblas no encubren de ti, y la noche resplandece como el día; lo mismo te son las tinieblas que la luz.

Porque tú formaste mis entrañas; tú me hiciste en el vientre de mi madre. Te alabaré; porque formidables, maravillosas son tus obras; estoy maravillado, y mi alma lo sabe muy bien. No fue encubierto de ti mi cuerpo, bien que en oculto fui formado, y entretejido en lo más profundo de la tierra. Mi embrión vieron tus ojos, y en tu libro estaban escritas todas aquellas cosas que fueron luego formadas, sin faltar una de ellas (Salmos 139:1-16).

AL BORDE DEL PRECIPICIO

Dios fue tan paciente y longánimo conmigo, que me concedió varios meses más para luchar con la verdad que ya no podía negar, pero que aún no podía enfrentar. Cuando comencé este proceso en 2007, el tema transgénero era sumamente tabú, del que solo se hablaba entre las sombras y en voz baja. Pero desde entonces se ha convertido en el centro de atención de los principales medios de comunicación. Ha llegado a ser quizás el tema más comentado y controvertido en los Estados Unidos. Gracias a Dios, años antes, Él me había llevado a ser una oyente de los medios conservadores o si no me habría ahogado en un mar de medios liberales que me decían lo maravilloso y admirado que era el mundo transgénero. Si Él no me hubiera dado simpatía por la radio política, nunca habría escuchado al Dr. Piper. Sus palabras fueron el punto de inflexión para mí, aunque, aun así, me tomó varios meses. Tenía razón: esta era una elección, sin importar lo que sintiera. Como explicó el Dr. Piper en otro medio, parte de lo que nos separa de los animales es nuestra capacidad de pensar y razonar, de elegir o rechazar la verdad y de negarnos a los deseos pecaminosos:

Nuestros deseos no nos definen. Se trata de nuestro comportamiento, no de nuestro ser… El mensaje omnipresente de las Escrituras es que somos *imago Dei* (la imagen de Dios) y, por lo tanto, seres moralmente culpables. Como portadores de la imagen de Dios, somos agentes morales. No somos animales. Podemos y, de hecho, nos elevamos por encima de nuestros apetitos e inclinaciones. Estos no nos definen.[2]

En los medios conservadores, también comencé a escuchar cómo los "derechos transgénero" (y otros derechos LGBT) se estaban convirtiendo en un ariete de la izquierda para silenciar a los cristianos. Pronto sentí que estaba parada frente a un precipicio y que cada vez me empujaban más cerca del borde. Pronto tendría que tomar una decisión. Empezaba a ser obvio que no podía apoyar a aquellos que abogaban por los derechos de las personas trans y estaban infringiendo los derechos de los cristianos. Sentía mucho temor por lo que decía Mateo 12:30: "El que no es conmigo, contra mí es; y el que conmigo no recoge, desparrama". ¿Cómo podía apoyar a aquellos que perseguían a los cristianos e intentaban silenciarlos?

Esto llegó a un punto crítico con las distintas controversias sobre el "proyecto de ley de los baños" que se desató en todo el país y me llevó a enfrentarme a mí misma. Puesto que en ese momento era transgénero y legalmente hombre, había estado usando baños para hombres durante años. Y, sin embargo, sabía que era una locura y peligroso dejar que un hombre adulto entrara al baño de mujeres solo porque se identificaba como mujer. No podía conciliar el hecho

---

2. Everett Piper, "You don't get to make up your own Jesus", *The Washington Times*, 7 de enero de 2018.

de que había estado haciendo eso mismo y que potencialmente estaba invadiendo la privacidad de los jovencitos.

De hecho, ya había hecho eso años antes. En 2010, me habían asignado como guardia de seguridad en una escuela secundaria. Si me conoces, te reirías a más no poder de esto, porque soy la última persona que debería haber sido elegida para tal puesto. Tenía muy poca experiencia con niños; no tengo un aspecto intimidante ni duro (solo aparentaba ser así cuando les gritaba a mis padres), no me gusta la controversia y no me gusta ser la que manda. Probablemente, era el peor guardia de seguridad del mundo y odiaba cada minuto de ese trabajo y, peor aún (no es de sorprenderse), los niños no me respetaban. Dicho esto, estaba atrapada en ese puesto mientras tanto, ya que hacía poco le había pedido a la compañía de seguridad que me reasignara a otra posición después que un guardia de la planta de vidrio había descubierto que era transgénero. No quería que me conocieran como transgénero, quería que me conocieran como un hombre. De repente me fui humillada y tomé la asignación de la escuela secundaria como la primera vacante disponible.

Esto fue en las primeras etapas en que pasaba como hombre, y el director de la escuela parecía creer que yo era un hombre (aunque parecía que tenía quince años en lugar de veintisiete). Un día, un grupo de jovencitos rebeldes, varios de los cuales habían afirmado recientemente que sabían que yo era transgénero, habían ido al baño durante la clase. El director me pidió que fuera a buscarlos. En ese momento, quise confesarme: sabía que no debería entrar allí. Había estado usando los baños para hombres durante años, pero de repente supe que no pertenecía entre esos jóvenes adolescentes. No obstante, ¿qué iba a hacer? No quería admitir que estaba viviendo una mentira, así que me armé de valor y entré. Inmediatamente, una mirada de sorpresa y horror cruzó el rostro de los muchachos. Aunque me esforzaba por no mirarlos mientras estaban en los urinarios, rápidamente se dieron la vuelta, se cubrieron y me gritaron que saliera. Sabía que ellos sabían. Me sentía tan humillada como ellos, y estaba avergonzada; había violado su privacidad.

No obstante, de alguna manera, no había hecho la relación lógica: que estaba mal que yo, una mujer biológica, estuviera en los baños para hombres en general. Tal vez lo había atribuido al simple hecho de que los chicos sabían que era transgénero, como si no fuera una violación si nadie sabía la verdad. Sin embargo, lo cierto es que, probablemente, no quería renunciar a mi estilo de vida. Así que, como cualquier otra convicción de pecado que sentía, la escondí debajo de la alfombra.

Sin embargo, el problema realmente llegó a un punto crítico cuando la cadena de tiendas Target anunció su política de invitar a cualquier persona a "usar el baño o el probador que corresponde a su identidad de género". Eso significaba que un hombre adulto podía entrar al baño o vestidor para mujeres mientras había niñas pequeñas allí. Incluso yo sabía que tal política era un fracaso anunciado. Después de escuchar este debate con frecuencia en American Family Radio, firmé sin dudarlo el "compromiso de boicot a Target", a pesar de que todavía vivía como un hombre y usaba los baños para hombres.

LA LOCURA DE AUTOIDENTIFICARSE

Pronto Dios comenzó a revelarme la locura de todo esto. Seguía viendo programas de televisión y varios reportajes en los medios de comunicación, que Dios usaba para revelar la falacia de la "autoidentificación" como algo que no está en línea con la realidad. Por ejemplo, vi un programa sobre personas que se "identifican" como varias especies animales. Algunas han hecho todo lo posible para intentar convertirse en un tigre o un dragón, por ejemplo. Un hombre en particular ha gastado más de setenta mil dólares para parecerse a un dragón. Trágicamente, su familia lo había abandonado en el desierto, y esto le había provocado un trauma severo en su niñez y juventud. Había sido violado en repetidas ocasiones. Inicialmente, se convirtió en transgénero y "vivió como una mujer". Al encontrar esa vida vacía e insatisfactoria y al darse cuenta de que su hijo aún no lo aceptaba, se convirtió en "la dama dragón". Admitió en una entrevista que a su hijo le encantaban los dragones cuando era niño. Es evidente que estaba desesperado por el amor de su hijo. Hasta la fecha, ha tenido numerosas cirugías, tatuajes e implantes para parecerse a un dragón.

Otra mujer apareció en las noticias porque descubrieron que se hacía pasar por una mujer negra, que ocupaba un alto cargo en la NAACP [Asociación Nacional para el Desarrollo de las Personas de Piel Negra, por sus siglas en inglés], aunque había nacido como una mujer blanca. Y, por último, había un video de un hombre de cincuenta y tantos años, que creía que era una niña de seis. Una familia lo había acogido y lo estaba criando como su "hija" junto con su propia hija que, en ese momento, tenía cinco años. Sabía que estas cosas eran una locura y que no importaba lo mucho que los individuos quisieran ser de una especie diferente, una raza diferente o una edad diferente, no podían serlo. Y de repente comencé a caer en cuenta: *Si sabes que esas cosas son una locura y que todas están en su cabeza, ¿no estará también tu identidad transgénero en tu cabeza?* Estaba devastada. Me aferraba con mucha fuerza a la creencia de que había nacido varón.

Esto se vio agravado aún más por los videos que últimamente había estado viendo de un joven predicador piadoso y denodado de Inglaterra, que combinaba informes de noticias relacionadas con la profecía bíblica, con llamados al arrepentimiento y a vivir una vida de santidad y entrega a Cristo. Con frecuencia explicaba cómo el movimiento transgénero estaba arrollando a la iglesia y los derechos de los cristianos. Lo llamó la "agenda trans para doblegar el género". Empecé a odiar ser transgénero con todo mi corazón. Odiaba cada momento de este estilo de vida. Estaba cada vez más desesperada por ser simplemente un hombre. Tenía muchas ganas de olvidar que había nacido mujer, pero no quería ser transgénero.

Sin embargo, cuando finalmente acepté que nunca me convertiría en un hombre, comencé a orar: "Dios, estoy dispuesta a dejar este estilo vida, pero no sé cómo". Mientras pensaba en ello, no tenía ni idea de qué hacer. En el trabajo solo me conocían como Jake. ¿Qué debía hacer? ¿Esperaba Dios que algún día apareciera con un vestido y dijera: "¡Era una broma! ¡En verdad, soy mujer!"? Aunque eso es esencialmente lo que hacen muchas personas trans cuando hacen la transición, admitir que había estado viviendo una mentira era mucho más difícil, que cuando inicialmente había "salido del closet" hacía ocho años. Durante años les había mentido sobre quién era a compañeros de trabajo que me importaban de verdad. Cada día era como estar en un combate de lucha libre, tal vez como en el relato bíblico de Jacob cuando luchó con el ángel (ver Génesis 32). Estaba en constante confusión. En poco tiempo, sentí tanta convicción de pecado, que solo podía pensar en eso.

Después de haber visto suficiente acerca de la agenda política transgénero, estaba completamente disgustada con todo el movimiento. Los activistas trans exigían tolerancia y celebrar lo que yo sabía que era una mentira. No solo lo estaban impulsando entre los adultos y la sociedad en general, sino que también

Quería desesperadamente que alguien me dijera que no tenía otra opción, que nací así.

estaban comenzando a impulsar su agenda entre los niños al promover libros sobre personas trans en las escuelas primarias de todo el país. Le dije a mi pareja, Steve, que ya no quería tener nada que ver con ser transgénero. Me miró con una expresión preocupada y perpleja, y preguntó:

—Entonces, ¿qué será de nosotros?

—No lo sé —admití con sinceridad.

Y no lo sabía. No tenía ni idea de lo que iba a hacer al respecto. Las palabras del Dr. Piper resonaban continuamente en mis oídos y se repetían en mi cabeza como un disco rayado: *Puedes elegir tu comportamiento a pesar de cómo te sientes.* Quería desesperadamente que alguien me dijera que no tenía otra opción, que nací así. Sin embargo, sabía que eso no era cierto. Aunque la verdad dolía, no podía negarlo por más tiempo.

"SALID DE ELLA, PUEBLO MÍO"

Entonces, una noche, mientras escuchaba al predicador de Inglaterra hablar nuevamente sobre la "agenda trans para doblegar el género", leyó un pasaje de Apocalipsis que golpeó mi corazón como con un mazo: "Y oí otra voz del cielo, que decía: Salid de ella, pueblo mío, para que no seáis partícipes de sus pecados, ni recibáis parte de sus plagas" (Apocalipsis 18:4-5).

Caí a tierra y lloré sin consuelo. Clamé al Señor y dije: "Sé que tengo que salir de este estilo de vida. ¡Ya no puedo vivir así, pero no sé qué hacer!".

Empecé a sentir una fuerte y apremiante convicción de pecado. Sabía que no podía seguir viviendo como transgénero. Sabía que estaba rechazando a quien Jesús había creado en mí, y estaba eligiendo mis sentimientos por sobre la obediencia a su Palabra. Sin embargo, afrontar el hecho de que había sido creada como una mujer todavía me resultaba demasiado doloroso. Le rogué a Dios que me mostrara al menos otra persona que entendiera por lo que yo estaba pasando, que hubiera estado donde yo estaba y hubiera salido de eso. Satanás siguió convenciéndome de que estaba completamente sola, que era la única persona en la tierra que se había convertido en cristiana después de ser transgénero, y que así estaba atrapada en un infierno espiritual en la tierra. Traté de buscar en Internet algo que me diera esperanza. Aunque ahora hay muchos testimonios de personas trans que Jesucristo ha liberado, en ese momento solo pude encontrar un par. Uno de los individuos en realidad nunca había hecho la transición, sino que simplemente pensó en hacerlo, así que no lo entendería.

Sin embargo, finalmente, Dios me llevó a conocer a un hombre, que previamente había vivido como mujer trans, que tenía un poderoso testimonio en YouTube. Este hombre también había creído la mentira de que estaba destinado a ser del género opuesto, pero proclamaba que Jesucristo lo había liberado y que ya no vivía ni se sentía de esa manera. Le escribí y, para mi sorpresa, me respondió. Durante varias semanas invirtió tiempo en mí. Me aconsejó y fortaleció mi fe en la capacidad de Jesús para ayudarme a superar todos los temores, dudas y angustias. También estuvo a mi lado para decirme la verdad cuando llegó el momento de tomar la decisión. Me dijo que, si no me arrepentía, nunca crecería espiritualmente, y eso crearía una brecha entre Dios y yo. Estaba empezando a experimentar eso.

Durante el mes siguiente, parecía que Dios había apartado su rostro de mí. Ya no podía sentirlo cerca ni escucharlo susurrarme. Mis oraciones parecían tocar el cielo raso y rebotar. En aquel entonces, no sabía que podría haber descubierto en el libro de los Proverbios la razón de este sentimiento: "El que aparta su oído para no oír la ley, su oración también es abominable" (Proverbios 28:9). Me sentí como si hubiera caído en un pozo profundo y oscuro. La paz que tenía con Dios se había desvanecido, y mi alma estaba en tormento: me rodeaba la oscuridad. Sabía que no había perdido la salvación, pero el pecado en mi vida había comenzado a estrangularme.

Caminé penosamente por la vida durante esos días, apenas capaz de comer, dormir o realizar cualquiera de mis deberes en el trabajo. Ya no podía escuchar ninguna predicación o estudio bíblico, porque todo lo que escuchaba me convencía de pecado. De alguna manera, cada pasaje de la Biblia parecía decirme que no podía seguir viviendo de esa manera. Algunos de esos pasajes fueron los siguientes:

- Mateo 9:16-17: "Nadie pone remiendo de paño nuevo en vestido viejo; porque tal remiendo tira del vestido, y se hace peor la rotura. Ni echan vino nuevo en odres viejos; de otra manera los odres se rompen, y el vino se derrama, y los odres se pierden; pero echan el vino nuevo en odres nuevos, y lo uno y lo otro se conservan juntamente". Sabía que Dios no podía poner vino nuevo en mi odre viejo.
- 1 Juan 5:2: "En esto conocemos que amamos a los hijos de Dios, cuando amamos a Dios, y guardamos sus mandamientos". No podía ser hijo de Dios y andar en desobediencia.
- Juan 14:21: "El que tiene mis mandamientos, y los guarda, ese es el que me ama; y el que me ama, será amado por mi Padre, y yo le amaré, y me manifestaré a él". No podía pretender amar a Cristo y desobedecer sus mandamientos, y esperar experimentar su amorosa presencia.
- Romanos 12:1-2: "Así que, hermanos, os ruego por las misericordias de Dios, que presentéis vuestros cuerpos en sacrificio vivo, santo, agradable a Dios, que es vuestro culto racional. No os conforméis a este siglo, sino

transformaos por medio de la renovación de vuestro entendimiento, para que comprobéis cuál sea la buena voluntad de Dios, agradable y perfecta". Seguir a Cristo es morir a uno mismo. No tiene sentido dar tu vida a Jesús y luego vivir conforme a tu naturaleza carnal y cumplir los deseos de tu carne. Es uno o lo otro. Debemos hacer morir las obras impías del cuerpo y ser transformados a la imagen de Jesucristo.

Estaba bajo una convicción de pecado tan fuerte, que comencé a clamar al Señor con todo mi corazón que me quitara la vida. Durante semanas, me quedaba desvelada hasta altas horas de la noche sin poder dormir, a veces envuelta en llanto hasta no poder más del fuerte dolor de cabeza. Le rogaba a Dios que me dejara morir, pero al no recibir respuesta, supe que no podía continuar en el estado en que estaba. Empecé a suplicar más fervientemente con todo mi corazón: "Dios, estoy dispuesta a dejar este estilo de vida, pero no sé cómo. Por favor, ayúdame a salir de esto y te serviré con todo mi corazón por el resto de mi vida".

No podía imaginarme de pie ante Cristo avergonzada, sabiendo que había sido desobediente. Las palabras de Jesús: "Si me amáis, guardad mis mandamientos" (Juan 14:15), corrían por mi mente como sangre por mis venas, y penetraban hasta lo más profundo de mi alma. ¿Lo amaba o no? Lo había dado todo por este sueño que resultó ser una manzana envenenada. Había cambiado mi identidad, me había separado de mi familia, había mentido sobre quién era a amigos y compañeros de trabajo y había mutilado mi cuerpo. Mientras reflexionaba sobre mi decisión, recordé las palabras de Jesús en Mateo 16:24-26:

> Si alguno quiere venir en pos de mí, niéguese a sí mismo,
> y tome su cruz, y sígame. Porque todo el que quiera salvar su vida, la perderá; y todo el que pierda su vida por

causa de mí, la hallará. Porque ¿qué aprovechará al hombre, si ganare todo el mundo, y perdiere su alma? ¿O qué recompensa dará el hombre por su alma?

Y mientras lo hacía, tuve una visión clara de Jesús que se arrodillaba, extendía su mano en el pozo y me preguntaba: "¿Confías en mí?". Aunque despreciaba la ejecución y la logística de mi estilo de vida y detestaba la falsedad de todo esto, amaba la identidad. Me encantaba identificarme como hombre y no soportaba la idea de que me volvieran a conocer como mujer. Mientras consideraba la propuesta de Jesús, sabía que me estaba pidiendo que me alejara de todo, que renunciara a la identidad que tanto amaba, que tomara mi cruz, muriera a mí misma y lo siguiera. Al final, con un acto de fe, le dije que sí.

Poco después me alejé de mi identidad, de mi vida, de mi pareja, de mi casa, de mi trabajo y de todo lo que había conocido durante casi una década. Nadie se imaginaba lo difícil que fue esa decisión para mí. Era lo último que quería hacer en el planeta Tierra, pero solo Dios sabía lo bueno que sería para mí. No podría haber sabido entonces cuál era la vida que Él me daría a cambio de morir a mi propia vida.

Mis padres se llenaron de alegría por la noticia de que quería dejar ese estilo de vida. Y aunque había jurado que nunca volvería a vivir con mi mamá y mi papá, sentí que el Señor me guiaba a hacer precisamente eso, regresar a mi ciudad natal de Bartlesville, a la que prometí que nunca volvería a llamar hogar, y a la iglesia a la que prometí que nunca volvería a pisar. Lo puse en las manos del Señor. Le pedí a Dios que me mostrara con una especie de vellón (Jueces 6:36-40) que, si era su voluntad que regresara a Bartlesville y viviera con mis padres, fuera por sugerencia de mi madre. En efecto, cuando se lo comenté, fue casi lo primero que dijo: "¿Por qué no vienes a casa y vives con nosotros?".

Con el corazón apesadumbrado, acepté y solté todo lo que había amado tanto.

CAPÍTULO 10

Una vida nueva

Tres semanas después, empaqué mis cosas y me mudé a mi casa en Bartlesville. Aunque eso me permitió dar el aviso pertinente a mi trabajo y tener tiempo para clasificar mis pertenencias (y regalar la mayoría de ellas), esa brecha de tiempo es de lo que más me he arrepentido en todo el proceso. Para ser sincera, no lo recomiendo. Ojalá hubiera tenido el valor de confesar la verdad a mis compañeros de trabajo, aunque al menos se lo dije a mi jefa que sabía que era cristiana. Si bien tuve la oportunidad de decir la verdad sobre quién era yo y quién es Cristo a algunos de ellos desde entonces, desearía que alguien me hubiera animado a hacerlo mientras aún trabajaba allí. Hubiera sido muy difícil y me hubiera costado mucho, pero ¿acaso Cristo no nos llama a eso? ¡Qué testimonio hubiera sido! En cambio, pasé tres semanas fingiendo ser Jake después de haberle dicho a Cristo que dejaría esa vida. No obstante, había hecho un compromiso y, durante esas tres semanas, regalé mis pertenencias y resolví asuntos pendientes.

Cuando faltaba aproximadamente una semana, sabía que tenía que hacer el esfuerzo y prepararme para la vida como mujer. Me afeité la barba entre lágrimas, y me sorprendió ver mi cara sin vello facial por primera vez en muchos años. Fui a una tienda de ropa local donde anteriormente había comprado muchos artículos de ropa para hombre y ahora estaba comprando en el departamento para mujeres. Aunque en ese momento no tenía barba, no me veía en lo más mínimo femenina. Si bien nunca había sido realmente un hombre, años de testosterona habían cambiado mi estructura corporal y facial, y mi aspecto era más masculino. Dondequiera que iba en la tienda, los ojos me seguían con ciertas miradas de disgusto, curiosidad o tal vez solo confusión y desconcierto. Independientemente de lo que estuvieran pensando, quería gritar desde los tejados que realmente era una mujer, no un hombre que fingía ser mujer, y que estaba correctamente en esa sección. Eso no fue porque estaba lista para proclamar que Cristo me había hecho libre y me sentía feliz de ser mujer, sino porque me sentía incomprendida.

Quería que todos supieran la profundidad de la angustia que estaba sintiendo. Nadie podría saber que cada estante que miraba desgarraba cada fibra de mi alma. Aunque estaba dispuesta a ser obediente, luchaba por enfrentar la realidad de ser mujer. Mientras pasaba una a una las perchas en busca de mi talla, podía sentir los ojos de las compradoras a mi alrededor. Tomé unas cuantas prendas de aspecto femenino y corrí al vestidor más cercano, que resultó ser el que estaba justo en medio de la lencería.

A regañadientes, me paré frente al espejo y me probé algunas prendas. Quería desesperadamente mostrar cuán comprometida estaba, tanto con Dios como con mis padres. Originalmente había accedido a mudarme a casa el lunes,

25 de julio de 2016, pero en secreto había planeado llegar un día antes y sorprender a mi mamá y mi papá al aparecer en la iglesia, una vez más como Laura. Así que, aquí estaba yo comprando en el departamento para mujeres por primera vez en casi nueve años, y me estaba probando un vestido. No sé si alguna vez me he sentido más fuera de lugar que en ese momento, de pie frente a un espejo con un vestido en medio de la sección de lencería con un pecho plano y peludo, un corte de pelo muy corto y una barba de media tarde. Mientras estaba allí de pie mirando mi rostro sin afeitar que resaltaba por sobre el vestido, fue la vista más horrible que jamás había tenido. Estaba horrorizada por lo que me había hecho a mí misma. En ese momento, me enfrenté a las devastadoras consecuencias del pecado en mi cuerpo.

Compré un par de artículos y salí corriendo de la tienda, y rompí en llanto antes de llegar a mi auto. Me quedé en el estacionamiento llorando incontrolablemente durante más de veinte minutos, el llanto era demasiado intenso para conducir a casa. Una vez que finalmente recuperé la suficiente compostura para conducir, volví a nuestro apartamento, con los ojos todavía llenos de lágrimas. Una vez adentro, Steve me preguntó qué pasaba. Volví a romper en llanto y hui para encontrar algo de consuelo y privacidad en el baño, donde me atrincheré y lloré a viva voz.

La única forma de describir cómo pasé esas tres semanas hasta que me mudé a mi casa es que Cristo mismo me sostuvo. Al igual que el corderito perdido, me puso sobre sus hombros y me llevó a casa. Hasta el día de hoy, estoy sorprendida de haberlo hecho. No tenía fuerzas ni fe, pero tenía la voluntad de confiar en Él… solo un poco. Mi mamá me dijo muchas veces que, si era obediente y caminaba por fe, los sentimientos vendrían después, pero la obediencia tenía que ser lo primero.

ME SACÓ DE LA OSCURIDAD

Lo interesante es que unos seis meses antes, Dios había reavivado mi amor por escribir poesía y me inspiró a tomar la pluma nuevamente. No había escrito poemas desde mis días en la escuela primaria. Sin embargo, describían perfectamente lo que estaba pasando ahora, seis meses después. Uno en particular, llamado "El viaje", estuvo inspirado en *El progreso del peregrino*, que había estado leyendo en ese momento.

El viaje

En el calor de la tarde, todo el día había caminado,
mis pies cansados, heridos y sangrantes estaban.
Refugio y descanso por fin había encontrado,
y con gritos desesperantes yo clamaba.

Miles de kilómetros parecía haber caminado,
pero cuando mi mirada atrás volví,
cayó mi semblante por lo poco andado:
¡No podía ser! No era posible, sentí.

Sin embargo, era cierto, ahora podía ver con claridad,
una pequeña distancia solo había viajado.
Mis ojos doloridos aún podían contemplar la ciudad,
donde pronto todo quedaría desolado.

Un camino de zarzas y matorrales había atravesado;
y sobre la abrasadora arena del desierto,
por cardos y espinas, mis pies se habían perforado,
y marcada de llagas y ampollas, la piel de cada mano.

Un poderoso cañón rocoso atrás había dejado,
vadeado por corrientes de agua caudalosas, anchas y
    profundas.
Y al cruzar un puente viejo y desvencijado,
solo me salvó de caer una saliente en punta.

Hasta un lugar seguro me arrastré por el acantilado,
sin fuerzas ni voluntad, acostarme ansiaba;
por el dolor mi cuerpo se hallaba atormentado,
y mi alma, mi misma alma, desgarrada.

Todos mis esfuerzos, todas mis luchas y fatigas,
ningún fruto habían dado.
Mi mente se afligía y mi corazón dolía;
quizás una temible bestia me devoraría.

Inútil era seguir, avanzar no podía;
con apenas un respiro en mi pecho,
clamé al Señor, entregándome por completo.
Toda esperanza abandoné, mi búsqueda fútil dejaría.

Apenas consciente y casi sin respirar,
mi cuerpo se relajó y sentí que se elevaba.
Con lágrimas en mis ojos, vi una tierna faz:
"Déjame cargarte en mis brazos", la dulce voz
    susurraba.

Al final, me di cuenta y por fin pude ver:
¡Mis esfuerzos en la carne, todos fueron en vano!
Si tan solo hace tiempo me hubiera rendido,
tal vez este sufrimiento lo podría haber evitado.

Seguimos atravesando las pruebas y la oscuridad,
y Él con su luz el angosto camino iluminó.
Me llevó por las aguas y barrancos sin par,
como un bebé, en sus brazos, me dejó acostar.

Al final del viaje, cuando apenas podía ver,
tuve mucho miedo y valor me faltó.
"¡La paga del pecado es muerte!", en la puerta
    apareció,
pero: "Tu deuda Yo pagué", Jesús me susurró.

> Al ver en mi rostro expresión de perplejidad,
> sonrió y señaló: "Yo soy la puerta, no temas".
> Ahora entiendo cómo transitar este camino,
> a fin de descansar en la orilla cuando llegue a mi
> destino.

Eso fue profético, creo, para lo que el Señor me estaba preparando. Al igual que en mi poema, Él me llevaría en sus brazos lejos de la oscuridad.

HACIA LO DESCONOCIDO

Finalmente, había llegado el día: era hora de enfrentar las consecuencias. La realidad comenzó a ser evidente, como si el espejo en el que me había estado mirando durante tanto tiempo comenzara a romperse, y los fragmentos de vidrio que reflejaban mi identidad se estuvieran haciendo trizas en el suelo. Steve me ayudó a cargar las cosas en mi auto la noche anterior para que pudiera salir rápidamente por la mañana para asistir temprano al servicio de la iglesia de mis padres. De alguna manera, sabía que tenía que estar allí. Esa fatídica mañana, salimos y nos quedamos abrazados por un momento junto a la puerta de mi auto. Steve había estado tranquilo y sereno, pero ahora sus emociones estaban aflorando. Cuando comencé a llorar desconsoladamente de nuevo, él parecía no saber cómo consolarme. Debe de haber estado confundido acerca de por qué me estaba provocando yo misma tanto dolor. ¿Por qué estaba tan decidida a irme si era tan doloroso para mí? No creo que lo entendiera, pero me amaba lo suficiente como para dejarme ir.

Mientras el dolor llenaba sus ojos, preguntó con desesperación: "Nos volveremos a ver, ¿no?". Asentí, pero la verdad era que no lo sabía. No tenía ni idea de cómo iba a ser mi vida. Estaba a punto de dar un salto de fe a través de una brecha oscura donde no podía ver qué había del otro lado. Sentía como si todo mi mundo pendiera de un hilo, a solo unos momentos de hacerse pedazos. Con un último beso, con el cuerpo temblando y la cara empapada en lágrimas, dejé al hombre con el que pensé que estaría para siempre, y me alejé del hombre que había creído ser.

Mientras hacía el viaje de una hora a Bartlesville, lloré más que nunca en toda mi vida. No podía creer que había dado este paso. Cada fibra de mi ser quería dar la vuelta y salir corriendo. Sintonicé la radio en un débil intento de encontrar consuelo en la música, pero el dolor que estaba experimentando era insoportable.

Puesto que no quería que Steve me viera con ropa de mujer, había dejado nuestro apartamento vestida con un estilo un poco andrógino, pero eso ciertamente no iba a funcionar para la iglesia. No es que no me aceptarían, pero quería demostrar que estaba comprometida: con mis padres, sí, pero sobre todo con Dios. Así que, a solo unos pocos kilómetros de mi destino, me detuve en un parque conocido. En años pasados, muchas veces me detenía allí para fumar un cigarrillo, pero esta vez fue donde me quité la ropa de hombre por última vez. Me puse la falda que había comprado una semana antes junto con una bonita blusa y me puse un par de pendientes azules colgantes que hacían juego. Sentí que era una farsa; ¿a quién estaba engañando? No me sentía mujer en absoluto.

Algunos podrían criticar este requisito que me había impuesto. ¿No podría haberme puesto unos pantalones bonitos? ¿Por qué la falda? ¿Habría sido un pecado usar ropa más andrógina? Creo que Dios requiere diferentes cosas de nosotros en diferentes momentos como un paso de fe y, a veces,

> *Dejé al hombre con el que pensé que estaría para siempre, y me alejé del hombre que había creído ser.*

nos pide que hagamos cosas que no necesariamente tienen sentido o que pueden parecer insignificantes a los demás. Para mí era muy importante obedecer a Dios de esta manera al usar ropa y bisutería femeninas. Creo que Dios bendijo mi voluntad de confiar en Él, incluso hasta el punto de hacer algo que me hacía sentir muy humillada. No obstante, cuando algo es imposible para nosotros, ahí es donde debemos confiar en nuestra fe en Dios. La fe no es fácil, pero esto me enseñaría a negar mis sentimientos y caminar solo por fe, de la mano de mi Salvador.

HABÍA VUELTO A CASA

El camino que tenía por delante estaba oscuro; no tenía idea de cómo sería mi nueva vida con Dios. No tenía ningún plan para el futuro, ni cónyuge, ni trabajo, ni amigos ni nada a lo que aferrarme, sino solo a Cristo. Ni siquiera estaba segura de cómo iba a reaccionar la iglesia. Todavía podía visualizar la iglesia con claridad en mi mente, a pesar de solo haberla honrado con mi presencia una o dos veces en los últimos quince años. Podía imaginarme sentada en el rincón más alejado del último banco, escondida a la sombra del balcón que sobresalía y lejos de los "justos". Podía imaginar que todos se burlarían de mí con miradas altivas y que, con tono de juicio, dirían: "¡Ya era hora de que rectificaras tu camino!". Esa fue sin duda la reacción que me merecía. Durante tantos años, había odiado esa iglesia a la que me había sentido obligada a asistir en contra de mi voluntad cuando era niña y adolescente. Todo lo que podía recordar en ese entonces eran las murmuraciones, los chismes y las amistades, que eran tan reales como las uñas de acrílico.

Finalmente, llegué a la iglesia y estacioné en el punto extremo del terreno para ocultar la montaña de pertenencias que tenía en mi auto. Todo lo que poseía estaba conmigo en ese auto. Estaba asimilando la realidad de lo que había hecho.

Miré mi cara bien afeitada con los aretes que colgaba de manera absurda debajo de cada oreja. Me veía horrible. Me recompuse lo mejor que pude, respiré hondo y salí del auto.

Mientras las lágrimas corrían silenciosamente por mis mejillas hinchadas y rojas, crucé el estacionamiento y pasé la serie de autos que representaban las reacciones desconocidas de las personas que enfrentaría adentro. Me imaginé las miradas extrañas y los ojos maliciosos que pronto encontraría. Contuve la respiración y seguí caminando, impulsada por el apremiante deseo de liberarme del pozo donde había estado. Sin embargo, antes de poder descubrir qué críticas me esperaban, de repente vi un rostro conocido. Cuando reuní el coraje para decirle quién era, ella dijo: "¡Oye, te conozco! Vamos, ven a sentarte conmigo". ¡Me quedé sorprendida! Alma Ruth, de ochenta y cuatro años, amiga y vecina del patio trasero de mis padres desde hace mucho tiempo, me había reconocido. Me llevó del brazo, y de repente no necesité tener fuerzas para poner un pie delante del otro: la decisión de cada paso estaba fuera de mis manos. Me sentí amada y querida y, de alguna manera, cuando encontré sonrisas amistosas a lo largo del sinuoso pasillo que conducía al santuario, sentí que pertenecía a ese lugar. No quería admitirlo… pero me sentía como si estuviera en casa.

Entramos al santuario con la multitud, y me sorprendió escuchar a un par de personas pronunciar mi nombre; otros también me habían reconocido. Nadie me estaba evitando. De hecho, ¡muchos dijeron que estaban contentos de verme! Sin embargo, no estaba segura de estar lista para enfrentar eso. Cuando nos sentamos y la música comenzó a sonar, una vez más me invadió el dolor. Estaba asimilando la realidad de lo que había hecho. La idea de dejar a Steve de forma permanente era más de lo que podía soportar. De repente me di cuenta de que las cosas habían cambiado. Donde una vez había tratado a toda costa de borrar la existencia de

Laura, ahora era Jake quien estaba muerto. Mientras estaba sentada en el banco donde probablemente había soportado innumerables sermones cuando era niña, mi alma se hundió en una profunda angustia. Lloré durante todo el servicio, y me preguntaba si el pastor se desconcentraría con mi llanto. Con Alma Ruth nos habíamos sentado justo en la sección central, a solo unas pocas filas del frente. Ella se sentó a mi lado y me mostró su amor. A veces me tomaba la mano, pero sobre todo me dejaba llorar. Nunca me miró de manera rara ni parecía estar incómoda. No, ella parecía estar en paz.

> *Donde una vez había tratado a toda costa de borrar la existencia de Laura, ahora era Jake quien estaba muerto.*

Sorprendentemente, mis padres no me habían visto durante el servicio. Mi papá estaba en el coro, que había permanecido en el entrepiso durante el servicio, y mi mamá estaba sentada al piano. Seguía esperando que me vieran, que me ofrecieran algún consuelo para mi alma, hasta que, finalmente, después que terminó el servicio, vieron que yo estaba allí. Un poco de conmoción se mezcló con alegría desbordante y desconcierto por las lágrimas de dolor en mis ojos. Me acompañaron a su clase de escuela dominical sin decir muchas palabras, donde continué llorando durante toda la clase. Me calmé un poco durante el almuerzo mientras compartíamos una comida con algunos queridos amigos suyos; pero, por dentro, aunque parecía haber superado el dolor y estar en calma, estaba empezando a arrepentirme de mi decisión y quería volver corriendo a casa con Steve. Por dentro estaba tramando algo, tratando de pensar en una razón para poder irme.

Finalmente, pensé en uno o dos artículos que había dejado en el apartamento y quería recuperar; pero también admití delante de mis padres que me estaba costando mucho despedirme de Steve. Habíamos pasado todo el fin de semana empacando y no habíamos tenido tiempo de despedirnos de verdad. Razoné que, dado que originalmente había acordado mudarme a casa al día siguiente, no estaba rompiendo mi compromiso si regresaba a mi apartamento por la noche. Prometí volver a casa definitivamente al día siguiente. Estoy muy agradecida de que mis padres permitieran esto a pesar de que fácilmente podría haber resultado en que me quedara con Steve unos días, semanas o meses más. Me concedieron la gracia de poder luchar contra todo eso, y creo que lo más importante, confiaron en Dios. Él me había traído hasta aquí sin que ellos me hubieran forzado, así que eligieron confiar en que Él terminaría lo que había comenzado. Principalmente, estoy segura de que oraron.

SALÍ DEL DESIERTO

Lo que descubrí al regresar a mi apartamento fue que nunca volvería a ser la misma. Cuando Steve abrió la puerta y me invitó a pasar, me abrazó y me sentí como si estuviera en los brazos de un extraño. Mientras veíamos una película esa noche, sentados en lo que había sido mi casa durante casi ocho años, me sentí como si estuviera en la desconocida habitación de un hotel. Tanto Steve como mi apartamento parecían extrañamente lejanos y distantes. Finalmente, le pregunté a Dios: "Señor, ¿qué está pasando? ¿Por qué esto me parece tan extraño?".

Sentí que Dios respondía con una voz firme, pero amorosa: "He cortado el cordón de tu antigua vida, y ya *no* puedes volver atrás". Recordé que mi mamá había mencionado que Dios había dicho algo similar a los israelitas. Los había redimido milagrosamente de la dura esclavitud bajo la que estaban y los estaba guiando a una vida rica y abundante en la tierra prometida. Cuando la vida se les hizo difícil en el desierto, quisieron volver a Egipto donde al menos tenían comida apetitosa. Se olvidaron de la terrible esclavitud en la que habían estado, y todo lo que podían recordar era la poca comodidad que habían tenido. No habían confiado en Dios y se negaron a entrar a la tierra prometida cuando se les mandó hacerlo. Dios les dijo que no volverían atrás. Como resultado, tuvieron que vagar por el desierto durante cuarenta años, y todos, menos Josué y Caleb que habían confiado en Dios, murieron en el desierto.

No quería morir en el desierto. Dios me había sacado de la oscuridad de las mentiras en las que había estado atrapada durante mucho tiempo. Me había convertido en una esclava de esa identidad, pero ahora las cadenas se habían caído, y era libre. Estaba en una tierra árida y seca y con más dolor del que podía soportar, pero ya estaba empezando a olvidar lo desdichada que había sido durante los últimos años. Sabía que tenía que seguir adelante sin importar el costo. No quería ser culpable de no confiar en Dios como los israelitas. Por mucho que quisiera recuperar mi antigua vida en ese momento, sabía que nunca podría volver a tenerla. No obstante, había libertad en ese hecho, así como también una dolorosa concientización. Me consoló saber que estaba caminando en la voluntad de Dios para mí. Sabía que fuera lo que fuera lo que me esperaba, era la única opción. A la mañana siguiente, dejé mi vida pasada para siempre; no solo en la obediencia externa, sino también en mi corazón. Volví a *casa* una vez más.

Durante los dos días siguientes, el dolor fue insoportable mientras sufría por la pérdida que sentía. Cuando comencé a desempacar las pocas prendas que no había regalado, me enfrenté una y otra vez a la realidad de la permanencia de mi decisión. Sacaba una camisa y lloraba durante una hora. Ni siquiera puedo empezar a describir el dolor que estaba sintiendo: era realmente como si hubiera muerto. Mi pobre madre no sabía muy bien cómo ayudar y, a decir verdad, no podía. Creo que tuve que dejar morir mi identidad anterior, por doloroso que fuera. Ella asomaba la cabeza en la habitación cada dos horas y me miraba con lástima, sin saber qué decir o hacer. Tal vez eso era exactamente lo que necesitaba y solo quería saber que le importaba. En realidad, solo necesitaba tiempo para llorar.

EL DÍA DE RESURRECCIÓN

Sin embargo, el tercer día en casa traería algo de esperanza. El martes por la tarde estaba sentada en la mesa de la cocina, tratando de procesar cómo sería mi vida a partir de ese momento. Había derramado más lágrimas que en toda mi vida. Estaba exhausta, emocionalmente agotada y completamente extenuada. Empecé a caminar de un lado al otro mientras me preguntaba si el dolor que estaba experimentando valía la pena. Una parte de mí estaba empezando a creer que no lo era. A pesar de que Dios me había dicho que no me permitiría volver atrás, al igual que los israelitas, comencé a dudar de que me diera una nueva vida. Me preguntaba si estaba condenada a sentirme así el resto de mi vida. Así como una vez me sentí en el limbo entre ser hombre y ser mujer, ahora estaba en el limbo entre la muerte y la vida. Mientras ponderaba todo, la tierna voz de mi mamá rompió el silencio:

—Me he estado preguntando cuál sería el mejor momento para darte esto…

—¿Darme qué? —pregunté, cuando la respuesta se hizo evidente.

Colocó sobre la mesa frente a mí una pila de tarjetas de las mujeres de su estudio bíblico. Estaba aturdida. No podía entender por qué todas estas mujeres, casi ninguna de las cuales me conocía, se tomarían el tiempo de escribirme una tarjeta para animarme. Durante la mayor parte de los nueve años que viví como transgénero, Steve y yo vivimos recluidos. Si bien los primeros años habían sido emocionantes, comenzamos a escondernos cada vez más hasta que al final preferíamos pasar inadvertidos. No estaba acostumbrada a que nadie me reconociera y, con suerte, recibía una tarjeta de cumpleaños de alguien que no fuera Steve y mis padres. Me sorprendió aún más el amor y la compasión que leí en esas tarjetas. Las mujeres no se limitaron a firmar con su nombre la tarjeta, con la esperanza de que lo que venía impreso en la tarjeta me alentara, sino que la mayoría de ellas se tomó el tiempo de abrirme su corazón e impartirme su fe. Dios comenzó, incluso en ese momento, a amarme por medio de esas mujeres.

Mientras leía cada tarjeta, comencé a llorar de nuevo; pero esta vez, por primera vez desde que había tomado la decisión de dejar mi identidad trans, las lágrimas no eran de dolor. Tuve mi primer atisbo de esperanza de que estaría bien. Estaba profundamente sorprendida de saber que estas mujeres habían estado orando por mí *durante años*. Mientras abría lentamente cada tarjeta, descubrí que muchas de ellas venían con efectivo o cheques. Habían recaudado dinero para que me comprara un guardarropa nuevo.

—¡Mamá, estas señoras ni siquiera me conocen! —exclamé.

—Han estado orando por ti durante años. Te aman, aunque no te hayan conocido. Están muy emocionadas de conocerte —dijo mi mamá.

Cuando comencé a procesar todo eso, tenía un conflicto interno que estaba llegando a un punto insoportable: un gran dolor chocaba con un amor y una esperanza insondables. Hubo un momento en que quise salir corriendo. Pensé: *Todo esto es maravilloso, pero no puedo soportarlo. Tal vez me convenga irme y volver a casa otro día, pero por ahora es demasiado doloroso.* En ese momento, tomé otra carta que decía:

Laura, quería que supieras que estoy orando por ti y agradezco a Dios por tu fe para seguir su dirección para tu vida. Esta mañana estaba leyendo una de las oraciones puritanas de "El valle de la visión", que decía: "Ayúdame a honrarte al creer antes que sentir, porque grande es el pecado si hago del sentir una causa de fe". Lo estás honrando, y serás un gran testimonio de su grandeza y fidelidad.

Esta verdad que necesitaba escuchar, combinada con el amor que necesitaba sentir en las otras cartas, fueron como un ancla. En ese momento, decidí que perseveraría sin importar el costo o el tiempo que me llevara volver a sentirme como una mujer, si es que alguna vez lo sentiría.

Después de pasar más o menos una hora leyendo las tarjetas, mi mamá decidió sacarme de casa y que la acompañara a hacer las compras. No había ninguna presión por comprar ropa, solo comestibles. Mientras estábamos allí, nos encontramos con una de las damas del estudio bíblico que no había podido asistir en varias semanas debido a una cirugía reciente. Pude ver mucho amor y amabilidad en sus ojos cuando me conoció. Estaba muy contenta de que hubiera vuelto a casa. Supe en ese momento que, si las otras mujeres reaccionaban al menos un poco como ella, estaría bien.

TOTALMENTE TRANSFORMADA

Habían pasado tres días y tres noches desde que Jake había muerto. ¡Y así como Cristo se levantó victorioso de la tumba, esa mañana también lo hice yo! Como si hubieran quitado la piedra, cuando entré al edificio de actividades de nuestra iglesia donde se reunía el grupo de estudio bíblico de mi mamá, me inundaron los abrazos, los gritos, las lágrimas de alegría y más amor del que jamás había sentido de parte de mujeres en toda mi vida. Hubo una celebración como nunca antes había presenciado, con un estruendoso aplauso cuando mi madre me presentó formalmente unos minutos después. Cuando esas mujeres me mostraron su amor, en ese mismo instante, la creencia de que yo estaba destinada a ser un hombre se derritió como la cera. Los muros que rodeaban mi corazón se derrumbaron, y supe que Dios realmente había querido que yo fuera una mujer, una mujer de Dios, no un "hombre de Dios" como había creído erróneamente.

Siempre estaré agradecida por las mujeres que me amaron tanto que oraron por mí diligentemente y me apoyaron durante toda la transición. Pasaría más de un año antes de estar a gusto siendo mujer. Aunque había sido liberada instantáneamente de la creencia de que era transgénero, el deseo y los sentimientos fueron un proceso mucho más largo. A medida que Dios quitaba las capas de dolor, heridas y daño que me había hecho a mí misma a lo largo de los años, comenzó a sanar mi corazón.

Apenas unos días después de llegar al estudio bíblico de mi mamá por primera vez, participé de una actividad de evangelismo en la iglesia y testifiqué a las personas que me encontraba en la calle. Quería testificar acerca de mi fe a cualquiera que quisiera escuchar. Dios me ha dado pasión por el evangelismo. Quiero hablar a otros de la esperanza y la libertad que he encontrado en Cristo.

En los años transcurridos desde ese primer día de estudio bíblico, el 27 de julio de 2016, Dios me ha restaurado y redimido por completo más allá de mis sueños más remotos. No puedo creer lo femenina que me veo otra vez. De hecho, recientemente, me reuní con el hombre que había dejado su vida transgénero y que también me había ayudado a dejar ese estilo de vida. Hacía dos años que no me veía, y estaba sorprendido por mi transformación. Dios ha restaurado mi apariencia mucho más de lo que jamás imaginé que sería posible. Aunque todavía sufro las consecuencias de mi decisión (como no tener senos, nunca podré tener hijos y tener que afeitarme la cara todos los días, incluso después de suspender el tratamiento de testosterona), me siento feliz y realizada. Ya no deseo encontrar mi propia identidad lejos de Dios, sino que anhelo conocer a mi Creador y que Él me conozca a mí, aunque Él nos conoce mucho más íntimamente de lo que nosotros podemos conocernos a nosotros mismos. Fiel a las palabras del Señor meses antes, cuando me dijo "déjame decirte quién eres", comenzó a revelarme mi verdadera identidad: que yo era una hija de Dios y una hermosa hija del Rey.

Dios también me ha brindado increíbles oportunidades para contar mi historia públicamente a grupos de jóvenes, campus universitarios, iglesias y más. Siempre me río cuando la gente pregunta si Dios tiene sentido del humor. Había desarrollado tal odio por las mujeres a lo largo de mi adolescencia y los primeros años de mi adultez, que quería vivir en un mundo enteramente de hombres. Ahora Dios ha hecho que reciba el amor y el apoyo de un grupo de más de cien mujeres en el estudio bíblico de mi mamá, y estoy dando conferencias para mujeres, participando en un grupo de discipulado para mujeres y, por un tiempo, también estuve al frente de una clase de escuela dominical para mujeres. Él me ha dado un profundo y rico amor por las mujeres. Por si fuera poco, la iglesia a la que juré que nunca volvería es donde no solo asisto, sino donde también he trabajado como asistente administrativo durante casi dos años.

Además, Dios ha restaurado por completo las relaciones con mi familia, me ha dado la oportunidad de testificar a aquellos para los que antes era una piedra de tropiezo, ha renovado mi apariencia femenina y mucho más. Dios no solo me ha liberado por completo del deseo de ser hombre, sino que también me ha dado amor por la mujer que Él creó en mí. He aprendido a amar mis particularidades femeninas y las "cosas bonitas", y he disfrutado de ser "una de las chicas" en el trabajo. De hecho, mi mejor amiga, Kristin, a menudo se ríe cuando menciono "cuando vivía como hombre", porque "eso está muy lejos de ti", señala. Después de pasar más de un año trabajando en una oficina llena de mujeres, estoy plenamente convencida, ahora más que nunca, de que definitivamente Dios me ha creado mujer. No es que haya vuelto a ser mujer o me haya convertido en mujer, sino que he dejado de fingir ser hombre. Él me ha vuelto a dar mi nombre y estado legal de mujer, y ha revertido gran parte del daño que yo me había causado.

> *Dios no solo me ha liberado por completo del deseo de ser hombre, sino que también me ha dado amor por la mujer que Él creó en mí.*

Dios me ha usado para dar esperanza a los padres y familiares de seres amados perdidos, especialmente aquellos atrapados en las identidades LGBT. Me ha demostrado que todavía es posible que se produzca un cambio radical de corazón, incluso en el menos pensado. También me ha dado la oportunidad de hablar con aquellos que luchan con su identidad de género. Mi ex pareja, Steve, también dejó el estilo de vida transgénero y se convirtió al cristianismo. Pido oración para tener valor y mucho temple, ya que decir la verdad con amor a la comunidad LGBT a menudo encuentra una resistencia hostil, odio e incluso amenazas. Algunos de mis amigos en el ministerio testifican a un gran costo personal.

Fue necesario el amor de las mujeres para romper con las mentiras que había creído, pero es el amor de Cristo el que ha traído plenitud y satisfacción a mi alma. Ha estado conmigo en cada paso del proceso. No siempre fue fácil. Incluso después del día de mi "resurrección", pasé por muchas noches oscuras y profundos valles emocionales. Hubo momentos en los que luché con la soledad y todavía anhelo encontrar un marido piadoso. (Nota del editor: Laura está ahora casada con su maravilloso esposo Perry Smalts). Sin embargo, a través de todo el proceso, Él ha estado conmigo. Todo se lo debo a Él, Jesucristo, mi Señor y Salvador. Él es el ancla que me sostuvo en la tormenta y el Pastor que me sacó de la oscuridad. Que su nombre sea alabado por siempre. Amén.

Él también está esperando para llevarte en sus brazos lejos de la oscuridad, si estás dispuesto. El capítulo final te ayudará a sopesar esta decisión.

CAPÍTULO 11

¿Cuál es la importancia?

Muchos de los que se identifican con los distintos estilos de vida LGBT pueden sentirse como si estuvieran en una atracción particular de un parque de diversiones, una que recuerdo de la infancia. Me encantaban las montañas rusas, y a menudo me llamaban temeraria, pero tengo que confesar que una atracción llamada "El Rotor" casi me hace orinar encima del miedo. Te paras contra la pared dentro de un recinto cilíndrico, que luego comienza a girar. Mientras gira, la fuerza centrífuga te pega contra la pared y es extremadamente difícil, si no imposible, despegar cualquier parte de tu cuerpo de la superficie. Una vez que ha tomado suficiente velocidad para tenerte pegado a la pared, sin poder moverte, como una mosca clavada a una base en tu colección de insectos de la clase de ciencias, el suelo bajo tus pies se retrae y desaparece.

He escuchado a cientos admitir que, después de años de vivir un estilo de vida homosexual o transgénero, nunca fueron tan felices como decían ser. Hubo un momento en cada historia que escuché, cuando se dieron cuenta de que nunca se sentirían realizados, pero habían quedado atrapados. Esto es más cierto de lo que ellos creen: Jesús dijo: "De cierto, de cierto os digo, que todo aquel que hace pecado, esclavo es del pecado" (Juan 8:34). Han sido clavados a la pared sin poder escapar, y el suelo bajo sus pies ha desaparecido.

Esto es cierto particularmente para aquellos que han hecho la transición al sexo opuesto. El término "transición", no obstante, está equivocado. Es un término ficticio que se acuñó para describir el proceso al que uno puede someterse para aparentar ser del sexo opuesto. Sin embargo, si le hicieran una prueba de ADN a Caitlyn Jenner, los resultados arrojarían que continúa siendo Bruce Jenner; continúa siendo hombre y siempre lo será. Si bien las hormonas y las cirugías del sexo opuesto pueden alterar la apariencia de una persona, no pueden cambiar lo que es biológico. Walt Heyer, que anteriormente vivió como una mujer transgénero durante ocho años, escribió en su libro *Trans Life Survivors* [Sobrevivientes del estilo de vida trans]:

> Otro comentario común en los correos electrónicos [que recibo] es la experiencia de un "momento eureka", cuando la persona reconoce que ninguna cantidad de cirugía puede cambiar el género. El período de tiempo varía de una persona a otra, pero cuando llega, es como si se le cayera la venda de los ojos.[1]

Esta es la realidad más aplastante que enfrenta una persona transgénero. Creía realmente que después de mi cirugía de tórax, el sentimiento de disforia de género desaparecería. Creí la mentira de que algún día sería verdaderamente un hombre. Como has leído en mi historia, ese día nunca llegó, y tampoco te llegará a ti si estás luchando

---

1. Walt Heyer, *Trans Life Survivors* (publicación propia, 2018), p. 67.

con estos sentimientos. Pregúntate: si un varón pequeño fuera castrado accidentalmente, ¿eso lo convertiría en una niña? Si aumentara mucho de peso y le creciera tejido mamario (lo que puede suceder en los hombres sin suplementos de estrógeno), ¿los convertiría eso en una mujer? Si se pusiera una peluca, maquillaje y zapatos bonitos, ¿de repente eso lo convertiría en una mujer? ¿Cómo puede un cambio de apariencia externa cambiar lo que está estampado en lo más profundo de tu interior, lo que está entretejido en la misma estructura de tu ADN? Perry Desmond, otro ex transgénero, lo describió así en su autobiografía:

> Encontré lo que había estado buscando toda mi vida… Los vestidos solo cubrían mi masculinidad. El maquillaje solo la enmascaraba. La silicona solo la remodeló. La cirugía solo la mutiló. En mi interior, en cada célula de mi cuerpo, la verdad estaba grabada diez millones de veces en cada gen. ¡Yo era un hombre![2]

Los científicos ahora han descubierto miles de diferencias entre hombres y mujeres. Como señaló alguien que me entrevistó recientemente: "Aunque cambies dos o tres cosas, aún te quedan miles". Hacer un tratamiento hormonal para parecer el sexo opuesto nunca cambiará tu ADN.

Durante años me había resistido a la verdad y había evitado cualquier mención de mi identidad femenina. Rechazaba la afirmación de mi terapeuta de que tenía un "conflicto con mi madre" hasta el punto de negarme a hablar del tema. Exigía que cualquier persona que conociera me llamara Jake, mucho antes que me percibieran como hombre. Con el tiempo, comencé a evitar estar cerca de mi familia porque no podía soportar que me recordaran mi verdadera identidad.

---

2. Perry Desmond, *Perry: A Transformed Transsexual* (Kirkwood, MO: Impact Christian Books, 2004), p. 108.

Había alterado todos los documentos legales y formas de identificación, incluidos el certificado de nacimiento, la licencia de conducir, las tarjetas de crédito y la tarjeta de la Seguridad Social. Incluso llegué a enviar cartas a los colegios a los que había asistido para solicitar que cambiaran mi nombre en los archivos y que volvieran a emitir mis diplomas. También me aseguré de obtener un cambio detallado en mi certificado de nacimiento, que no indicara que había sido alterado, sino que pareciera que había nacido varón. (Más tarde descubrí que la copia de las actas del Registro Civil aún mostraba que había sido alterada). Incluso cambié de trabajo una vez cuando alguien descubrió que era transgénero.

Hice todas estas cosas porque creía que no había otra opción. No creía realmente que necesitaba una sanidad en mi mente, pero estaba segura de que era mi cuerpo el que necesitaba un reacondicionamiento. Y, sin embargo, todo el tiempo necesitaba precisamente aquello que estaba evitando a toda costa: necesitaba aceptar quién era yo y sanar mis heridas.

UN PROPÓSITO SUPERIOR

Fuiste creado para mucho más que esto. Fuiste hecho para una relación con el Dios de todo el universo, tu Creador. Fuiste hecho a su imagen, para poder reflejar su gloria. Dios no es detestable ni rencoroso, como a menudo se lo acusa. Más bien, Dios es bueno, santo, justo y fiel, y su amor es eterno, incondicional e inagotable. Él nunca tuvo la intención de que te sintieras así. Él creó un paraíso perfecto donde el hombre y la mujer caminaban con Él en una relación de perfecta armonía. Sin embargo, a causa del pecado, debido a que el hombre optó por desobedecer a Dios, la tierra cayó bajo maldición y la vida se corrompió. Podemos ver tal pecado y rebelión en nuestras propias vidas, y no solo afecta nuestra vida terrenal, sino que también nos lleva a la muerte y a la eternidad en el infierno. Sin embargo, Dios es misericordioso y no quiere que ninguno perezca.

Él anhela restaurarte, redimirte y llevarte a su reino eterno donde un día recibirás todo lo que tu alma anhela: amor y aceptación por completo, una vida en armonía con tu alma y tu cuerpo, y paz con tu Creador. Es así como Dios te ha diseñado, pero necesitas la redención de Jesucristo, el Creador mismo que se introdujo en su propia creación para dar su vida en pago por nuestro pecado: "Porque la paga del pecado es muerte, mas la dádiva de Dios es vida eterna en Cristo Jesús Señor nuestro" (Romanos 6:23).

Jesús sufrió y murió en la cruz por tus pecados, recibiendo el castigo que tú mereces. Dios puede perdonarte y darte vida eterna si te arrepientes y confías en Jesús. Él te liberará de tu esclavitud y te llevará a una vida de libertad.

Por el contrario, el transgenerismo promete una vida de libertad, pero, en cambio, se convierte en esclavitud. Te conviertes en un esclavo de esa identidad. Si bien durante los primeros años creí que era feliz, con el tiempo, se volvió agotador perpetuar las mentiras, mantener la imagen externa, ya que todo el tiempo era consciente de que la estaba manteniendo de manera artificial con inyecciones de hormonas y modificaciones externas.

Nunca olvidaré ver la mirada de mis ojos en una foto mía y pensar, *no soy tan feliz como afirmo ser*. Desde que abandoné ese estilo de vida, comencé a reconocer esta misma mirada en otros, particularmente en las personas trans. A menudo tienen una mirada no solo de infelicidad, sino también de incertidumbre, ya que todo el tiempo se preguntan si los demás los ven como ellos se ven. He visto cientos de fotos de personas trans y, en sus ojos, parecen formular la misma pregunta que arde en tus propios ojos: "¿Me creen?". Aunque en los primeros años de mi transición creía que así era realmente, una vez que comencé a pasar por hombre, estaba cada vez más paranoica. Tenía tanto miedo de que me descubrieran, que cuando conocía a una persona nueva a menudo me preguntaba: *¿Creerá que soy un hombre?*

La buena noticia es que hay una verdadera libertad de todo esto. Puedes ser libre de las mentiras que te han atrapado y puedes dejar todo eso atrás. Puedes aceptar la identidad que Dios te ha dado y dejar atrás la falsificación barata que has fraguado. No eres solo el género que Dios creó, sino que eres mucho más que eso. Eso es solo el principio: fuiste creado para convertirte en un hijo de Dios. No hay pozo tan profundo que el amor de Dios no pueda alcanzarte. No has llegado demasiado lejos, sea lo que sea que hayas hecho, y no has pecado demasiado para que Dios no quiera alcanzarte. En un momento, incluso llegué a pedir a Satanás que impidiera que la gente conozca a Jesús. Si Dios todavía quería alcanzarme después de eso, puedes estar seguro de que Él quiere alcanzarte a ti. Cuando Dios comenzó a atraerme a Él, me sorprendió que Él quisiera hacerlo. Al igual que la mujer cananea (Mateo 15), esperaba que Él me permitiera sentarme debajo de la mesa para recoger las migas de pan de su presencia. No tenía idea del asombroso amor que Él tenía por mí y el plan que tenía para mi vida. ¡Tenía algo mucho más grande para mí de lo que alguna vez podría haber imaginado!

Sé lo que es creer que eres feliz en tu vida como transgénero, en especial si tu pasado es extremadamente doloroso. Algunos tienen un pasado mucho más doloroso que el mío. La realidad es que, a pesar de lo infeliz y falso que es ser transgénero, es posible que seas más feliz con ese estilo de vida de lo que eras antes. Eso es lo que me sucedió a mí, por un tiempo; pero es porque no tenía nada más con lo cual compararlo. Había olvidado los buenos recuerdos de mi pasado y todo lo que podía recordar era el sufrimiento. Sin embargo, la vida que Dios tiene para ti está mucho más allá de tus sueños más remotos, es tan buena y tan feliz que ni siquiera puedes comenzar a comprenderla: "Cosas que ojo no vio, ni oído oyó, ni han subido en corazón de hombre, son las que Dios ha preparado para los que le aman" (1 Corintios 2:9).

Es importante que reconozcas que tu deseo de una nueva identidad puede ser más bien un deseo de huir de un pasado doloroso, aunque es posible que ni siquiera te des cuenta de lo que estás huyendo. Sin embargo, he escuchado tantas historias de personas trans que estoy convencida de que hay algo que has tratado de enterrar y olvidar. Muchos han sufrido graves abusos y traumas. De hecho, todavía no he conocido a una persona trans que no haya sido abusado sexualmente. Lo que necesitas es una verdadera sanidad, no una vía de escape de la realidad. No puedes reinventarte a ti mismo, porque no te has creado a ti mismo. La única solución que alguna vez te traerá paz es acudir a tu Creador y permitir que Él sane tu corazón. En el libro de Isaías, Dios mismo declara: "Así dice Jehová, Hacedor tuyo, y el que te formó desde el vientre, el cual te ayudará…" (Isaías 44:2). Debes humillarte ante Él y, en obediencia y por fe, abandonar tu estilo de vida pecaminoso. Entonces, Él te sanará.

Abandonar el estilo de vida trans no es fácil. Hay muchas consecuencias del pecado con las que lidiar. Sin embargo, cuando dejas atrás esa vida, cada momento de dolor y sufrimiento vale la pena mientras permites que Dios quite las capas que has creado para enmascarar el dolor en tu interior. Debes decidir si seguirás a Jesús y aceptarás cómo te diseñó, o

> La única solución que alguna vez te traerá paz es acudir a tu Creador y permitir que Él sane tu corazón.

si rechazarás a tu Creador y te aferrarás a una identidad que tú mismo has creado y que es pasajera. La siguiente advertencia del apóstol Pablo también ofrece una gran esperanza:

> ¿No sabéis que los injustos no heredarán el reino de Dios? No erréis; ni los fornicarios, ni los idólatras, ni los adúlteros, ni los afeminados, ni los que se echan con varones, ni los ladrones, ni los avaros, ni los borrachos, ni los maldicientes, ni los estafadores, heredarán el reino de Dios. Y esto *erais* algunos; mas ya habéis sido lavados, ya habéis sido santificados, ya habéis sido justificados en el nombre del Señor Jesús, y por el Espíritu de nuestro Dios (1 Corintios 6:9-11).

Así como algunos fueron liberados de la inmoralidad sexual en la iglesia de Corinto a quienes Pablo dirigió esta carta, tú también puedes serlo. Sin embargo, si eliges la identidad que deseas para ti en lugar de la que Cristo te ha dado, ten la seguridad de que no heredarás el reino de Dios.

Como Jesús me recordó una vez que tenía la opción de morir a mí misma, te hago la misma pregunta. ¿Te aferrarás a esta identidad que deseas con tanta desesperación o morirás a todo eso para seguir a Cristo y hallar la vida eterna?

> Si alguno quiere venir en pos de mí, niéguese a sí mismo, y tome su cruz, y sígame. Porque todo el que quiera salvar su vida, la perderá; y todo el que pierda su vida por causa de mí, la hallará. Porque ¿qué aprovechará al hombre, si ganare todo el mundo, y perdiere su alma? ¿O qué recompensa dará el hombre por su alma? (Mateo 16:24-26).

Tú también puedes ser liberado y transformado en la hermosa criatura que siempre has sido destinado a ser.

Recordé haber escuchado un versículo bíblico cuando era niña, pero nunca entendí su significado: "De modo que si alguno está en Cristo, nueva criatura es; las cosas viejas pasaron; he aquí todas son hechas nuevas" (2 Corintios 5:17). Recuerdo haber pensado: *Yo no soy una nueva criatura*, pero ahora lo entiendo. Ahora todo tiene sentido. Como una mariposa que emerge de la oscuridad de su capullo, yo también he emergido transformada de la oscuridad de una vida envuelta en mentiras. Ruego que mi historia te haya inspirado y te haya dado la esperanza de que tú también puedes ser liberado y transformado en la hermosa criatura que siempre has sido destinado a ser.

CÓMO HABLAR CON QUIENES SE IDENTIFICAN COMO TRANSGÉNERO

Al hablar con personas trans, ten en cuenta que es probable que rechacen lo que les digas, y eso está bien. Enfrentarse a quiénes son es tan doloroso, que se sienten obligadas a rechazar la verdad, incluso cuando enfrentan pruebas evidentemente contradictorias. Sé que yo también lo hice. Sin embargo, la verdad que escuché penetró con el tiempo. Las semillas que plantaron tardaron en crecer, pero crecieron. Una vez más, estaré eternamente agradecida con el Dr. Piper por estar dispuesto a decir la verdad con valentía cuando pocas personas lo estaban haciendo.

Uno de los aspectos más importantes a tener en cuenta es lo que los hizo sentir así en primer lugar. Muchos te dirán: "Siempre me he sentido así". La mayoría, si no todos, no saben qué causó esos sentimientos. Aunque he expuesto en mi historia algunos de los diferentes factores que me llevaron a creer que era transgénero, no entendí nada de eso hasta que abandoné ese estilo de vida. Haz preguntas inofensivas. Por ejemplo: "¿Crees que un niño de dos años sabe de qué género es?". Si puedes hacer que piensen en eso, pueden descubrir a qué edad comenzaron a tener tales sentimientos. En mi caso, puedo recordar dos épocas clave en mi vida cuando comencé a creer que debería haber sido de otro género. La primera vez que recuerdo haber pensado que era varón fue cuando tenía cinco años. Creo que fue cuando me enteré del aborto espontáneo de mis hermanos. La segunda vez que recuerdo que los sentimientos eran muy fuertes fue a los ocho años de edad, cuando abusaron de mí. Hice esa relación hace poco, claro que no en ese momento. Y, sin embargo, esas son las mismas cosas de las que necesitaba sanar. Era como si estuvieran grabadas en mi memoria, grabadas en el tiempo como rayas en la superficie de un disco de vinilo.

Refuerza quienes Dios dice que son. Recuerda estos dos pasajes de las Escrituras al hablar con cualquier persona que necesite sanidad o arrepentimiento:

Envió su palabra, y los sanó, y los libró de su ruina (Salmos 107:20).

así será mi palabra que sale de mi boca; no volverá a mí vacía, sino que hará lo que yo quiero, y será prosperada en aquello para que la envié (Isaías 55:11).

No hay posibilidad de fallar si usas las Escrituras, aunque inicialmente rechacen prestar oído. La Palabra de Dios es sanadora. Recuerda que la meta siempre es Cristo. Ayudar a las personas a abandonar el estilo de vida transgénero es importante, pero secundario. Ayudarlas a ver qué causó sus sentimientos *podría* ayudarlas a llegar a Cristo, pero el énfasis debe estar en el evangelio y la esperanza de Jesús para una verdadera sanidad. Es Jesucristo quien libera.

EL HIJO PRÓDIGO

Finalmente, a los padres y seres queridos de aquellos que se han identificado como transgénero: nunca pierdan la esperanza. Hace poco vi el testimonio de una mujer que se identificó como lesbiana durante veintidós años y vivió otros dieciséis años como transgénero. Conozco muchas más historias de este tipo. Como es el caso de la mayoría de los "vencedores" (aquellos que han sido liberados del estilo de vida LGBT), ella tenía un padre o una madre que oraba por ella. En el libro de Santiago, leemos: "Hermanos, si alguno de entre vosotros se ha extraviado de la verdad, y alguno le hace volver, sepa que el que haga volver al pecador del error de su camino, salvará de muerte un alma, y cubrirá multitud de pecados" (Santiago 5:19-20).

Si analizamos el contexto, ¿cómo traemos de vuelta a alguien que ha errado y se ha extraviado de la verdad? Los versículos que preceden a este pasaje se refieren a la oración. Es la oración de los justos lo que moverá el corazón de Dios para traer de vuelta un alma descarriada: "La oración eficaz del justo puede mucho" (Santiago 5:16). Este es el primer paso, y el más importante, para traer de vuelta a la oveja perdida.

Recuerda que tú no eres su salvador, solo puedes guiarlos al Salvador. Si bien Dios usó a mi madre para traerme de regreso a Cristo, no fueron las sutilezas ni los planes de mi madre con la fórmula perfecta o las palabras mágicas lo que finalmente funcionó. Ella había renunciado por completo a tratar de corregirme. Totalmente rendida, había entregado el control a Jesús, y había dicho: "No puedo resolver esto". Más adelante explicó: "Fue como si Dios me hubiera dicho: 'Si sigues tratando de corregir a Laura por ti misma, Yo no lo haré. Si te sientas y me entregas a Laura, obraré en ella'". Así que, durante los ocho años siguientes, ella se consagró por completo al

Señor, se sumergió en la Palabra de Dios y oró para que yo volviera al redil. Oró para que Dios me hiciera volver a Él. Sin embargo, yo ya no era el centro de su vida. Ella había dedicado gran parte de su tiempo y energía tratando de corregirme. Por primera vez en años, se había concentrado totalmente en Cristo.

La parábola del hijo pródigo nos abre el entendimiento acerca de cómo Dios trata a los hijos descarriados y cuál debería ser nuestra respuesta. Estas son las palabras de Jesús en Lucas 15:

Un hombre tenía dos hijos; y el menor de ellos dijo a su padre: Padre, dame la parte de los bienes que me corresponde; y les repartió los bienes. No muchos días después, juntándolo todo el hijo menor, se fue lejos a una provincia apartada; y allí desperdició sus bienes viviendo perdidamente. Y cuando todo lo hubo malgastado, vino una gran hambre en aquella provincia, y comenzó a faltarle. Y fue y se arrimó a uno de los ciudadanos de aquella tierra, el cual le envió a su hacienda para que apacentase cerdos. Y deseaba llenar su vientre de las algarrobas que comían los cerdos, pero nadie le daba. Y volviendo en sí, dijo: ¡Cuántos jornaleros en casa de mi padre tienen abundancia de pan, y yo aquí perezco de hambre! Me levantaré e iré a mi padre, y le diré: Padre, he pecado contra el cielo y contra ti. Ya no soy digno de ser llamado tu hijo; hazme como a uno de tus jornaleros. Y levantándose, vino a su padre. Y cuando aún estaba lejos, lo vio su padre, y fue movido a misericordia, y corrió, y se echó sobre su cuello, y le besó. Y el hijo le dijo: Padre, he pecado contra el cielo y contra ti, y ya no soy digno de ser llamado tu hijo. Pero el padre dijo a sus siervos: Sacad el mejor vestido, y vestidle; y poned un anillo en su mano, y calzado en sus pies. Y traed el becerro gordo y matadlo, y comamos y hagamos fiesta; porque este mi hijo muerto era, y ha revivido; se había perdido, y es hallado. Y comenzaron a regocijarse.

Y su hijo mayor estaba en el campo; y cuando vino, y llegó cerca de la casa, oyó la música y las danzas; y llamando a uno de los criados, le preguntó qué era aquello. Él le dijo: Tu hermano ha venido; y tu padre ha hecho matar el becerro gordo, por haberle recibido bueno y sano. Entonces se enojó, y no quería entrar. Salió por tanto su padre, y le rogaba que entrase. Mas él, respondiendo, dijo al padre: He aquí, tantos años te sirvo, no habiéndote desobedecido jamás, y nunca me has dado ni un cabrito para gozarme con mis amigos. Pero cuando vino este tu hijo, que ha consumido tus bienes con rameras, has hecho matar para él el becerro gordo. Él entonces le dijo: Hijo, tú siempre estás conmigo, y todas mis cosas son tuyas. Mas era necesario hacer fiesta y regocijarnos, porque este tu hermano era muerto, y ha revivido; se había perdido, y es hallado (Lucas 15:11-32).

Primero, vemos que el hijo solo piensa en sí mismo. No se preocupa por su padre ni por su familia. Es probable que los hijos trabajaran en la finca del padre, por lo que no solo está tomando dinero de su familia, sino que también los está dejando sin personal. Su único pensamiento es la vida de excesos que desea con desesperación y la promesa de libertad que cree que obtendrá. Muchos padres se sorprenden por el egoísmo de sus hijos adultos. Cuando uno rechaza a Dios y persigue sus propios deseos, el amor se desvirtúa. En lugar de ser abnegado, se convierte en algo condicional.

Segundo, el padre lo dejó ir. Si bien nunca sugiero permitir que los hijos menores hagan lo que quieran sin límites ni castigos (y ciertamente nada que los lleve hacia una identidad transgénero), una vez que los hijos son adultos, hay un momento en que debes dejarlos ir y entregarlos completamente en las manos del Señor. El pasaje dice que "no muchos días después", el hijo reunió todo lo que tenía y se fue a un país lejano. No podía esperar para irse de allí. Los adultos jóvenes a menudo creen la mentira de que todos sus problemas se deben a la opresión de sus padres. (Del mismo modo, muchas personas culpan a Dios por sus problemas y su sufrimiento). Es posible que se vayan muy lejos para librarse de la influencia de sus padres, como hice yo. En la época de la parábola, el padre no podía tener ningún tipo de comunicación con su hijo mientras él no estaba, y ni siquiera sabía si estaba vivo o muerto. Con los teléfonos celulares y las redes sociales de hoy, considérate extremadamente bendecido si tienes comunicación con tu hijo mientras esté lejos; pero si no es así, no te desesperes.

Tercero, el hijo desperdició su herencia en una vida licenciosa. Solo podemos imaginar lo que podría haber implicado. En la cultura de hoy, es probable que sea muy parecido a lo que era entonces. Si bien la tecnología avanza y las situaciones pueden ser un poco diferentes, el libro de Eclesiastés deja en claro que no hay nada nuevo bajo el sol. (Incluso se ha mencionado el travestismo en la Biblia hace miles de años: "No vestirá la mujer traje de hombre, ni el hombre vestirá ropa de mujer; porque abominación es a Jehová tu Dios cualquiera que esto hace" [Deuteronomio 22:5]). Así que, no es muy diferente de hoy, es probable que el estilo de vida licenciosa del hijo pródigo implicara gastar dinero en fiestas y prostitutas: licencias pecaminosas que afectan la mente y el cuerpo.

¿Entonces qué pasó? "Cuando lo hubo malgastado todo", cuando tocó fondo, "vino una gran hambre en aquella provincia, y comenzó a faltarle" (v. 14). Esto realmente me tocó la primera vez que lo leí después de regresar a casa. Recuerdo el momento cuando reconocí que había una "gran hambre" a mi alrededor. Cuando alguien vive en pecado, siempre hay un momento cuando su estilo de vida, sin importar cuán emocionante y satisfactorio parezca al principio, lo dejará vacío y hambriento de algo real y significativo. A veces, esto puede ofrecer un rayo de esperanza a los padres, que piensan que esto es lo que seguramente cambiará a su ser querido. A menudo se sienten desolados cuando, en cambio, su hijo persigue obstinadamente otra cosa carente de significado; pero es necesario tener paciencia.

Recuerda, cuando llegó el tiempo de la hambruna, ¿qué hizo el hijo? Buscó alguien que lo contratara para alimentar cerdos. Tenía tanta hambre, que gustosamente habría llenado su estómago con comida para cerdos, pero "nadie le daba". Hay un punto al que muchos deben llegar de absoluto quebrantamiento y desesperación. Sin embargo, eso es bueno. A menudo debemos llegar al quebrantamiento para estar verdaderamente arrepentidos.

Cuarto, ¡el hijo volvió en sí! No pases por alto esta frase clave. Romanos 1 explica que aquel que rechaza a Dios es entregado a una mente reprobada:

> Porque la ira de Dios se revela desde el cielo contra toda impiedad e injusticia de los hombres que detienen con injusticia la verdad… Pues habiendo conocido a Dios, no le glorificaron como a Dios, ni le dieron gracias, sino que se envanecieron en sus razonamientos, y su necio corazón fue entenebrecido…
>
> Por lo cual también Dios los entregó a la inmundicia, en las concupiscencias de sus corazones, de modo que deshonraron entre sí sus propios cuerpos, ya que cambiaron la verdad de Dios por la mentira… Y como ellos no aprobaron tener en cuenta a Dios, Dios los

entregó a una mente reprobada, para hacer cosas que no convienen (Romanos 1:18-28).

Sin embargo, hay un momento cuando volverán en sí. Deben despertarse en la pocilga y ver dónde están. El hijo reconoció: "¡Cuántos jornaleros en casa de mi padre tienen abundancia de pan, y yo aquí perezco de hambre! Me levantaré e iré a mi padre, y le diré: Padre, he pecado contra el cielo y contra ti. Ya no soy digno de ser llamado tu hijo; hazme como a uno de tus jornaleros" (Lucas 15:17-19).

La primera vez que leí este pasaje lloré: ese era exactamente el punto al que Dios me había llevado. Recuerdo tan claramente el anhelo de volver a servir a Dios. Ni en mis sueños más remotos pensé que Él me recibiría como su hija y me usaría para su gloria. Nunca pensé que Él me amaría. Yo solo anhelaba ser su sierva. Me sentía como la mancha en una camisa vieja que Él no desechaba, pero que tampoco quería usar. ¡Oh, cómo me había humillado! ¡Me había estado revolcando en el cieno de la pocilga durante años, y ya había tenido suficiente!

Quinto, el hijo se levantó y fue a su padre. Antes que hubiera una restauración, hubo fe por medio de la obediencia. Conocía a su padre lo suficiente como para saber que podía regresar a casa y que su padre lo aceptaría otra vez. No sabía hasta qué punto, pero sabía que podía regresar. Sin embargo, debía haber un acto de obediencia. No intentes librar de esta vivencia a tu ser querido que se ha descarriado. Si bien mis padres me ofrecieron un lugar para volver a casa, no trataron de hacerme sentir cómoda y aliviar mi sufrimiento mientras aún vivía en pecado. Tuve que dejar ese estilo de vida. Me concedieron la gracia de experimentar el dolor de morir a mí misma, que tanto necesitaba.

Por último, ¿cuál fue la reacción del padre? "Y cuando aún estaba lejos, lo vio su padre…" (v. 20). Eso nos indica que el padre estaba vigilante; probablemente oraba, esperaba y vigilaba expectante, todos los días. Entonces "fue movido a misericordia, y corrió, y se echó sobre su cuello, y le besó" (v. 20). Conocemos el resto de la historia: el hijo se arrepiente, y el padre pide de inmediato que le traigan la mejor túnica para su hijo, además de colocarle un anillo en la mano y calzar sus pies con sandalias. Luego ordena a sus criados que aparten el becerro más gordo y se preparen para una celebración. ¿Por qué? "Porque este mi hijo muerto era, y ha revivido; se había perdido, y es hallado" (v. 24).

Cuando un hijo perdido regresa verdaderamente arrepentido, esa debe ser la reacción no solo de los padres, sino también de la iglesia. Cuando volví a casa, el cuerpo de mi iglesia me rodeó de amor y celebración. Hubo abrazos, gritos de alegría y alabanzas a Jesús por la redención de esta alma descarriada. En mi bautismo, hubo un aplauso tan estruendoso, que retumbó en todo el santuario. Incluso asistió un anciano que ya casi no podía moverse.

No solo se regocijaron, sino que respaldaron sus palabras de una manera que no tengo palabras suficientes para agradecer. Los miembros de mi iglesia me han donado dinero para ropa y viajes ministeriales, me han comprado muebles para mi casa y han sido más alentadores y solidarios en mi ministerio de lo que jamás podría haber soñado. Esta debería ser la reacción de la iglesia con todos los que se arrepienten: "Os digo que así habrá más gozo en el cielo por un pecador que se arrepiente, que por noventa y nueve justos que no necesitan de arrepentimiento" (Lucas 15:7).

DÉJALO EN LAS MANOS DE DIOS

La realidad es que no hay garantía de que tu ser querido regrese a casa. Sin embargo, actualmente, hay un avivamiento en la comunidad LGBT, y cada día más personas están abandonando ese estilo de vida. En 2018, un grupo de personas que han superado el estilo de vida gay y transgénero iniciaron un movimiento llamado "Marcha de la libertad" para proclamar que hay muchos que están siendo liberados. Si bien comenzó como un movimiento pequeño, que se difundía solo de boca en boca por medio de Facebook, el movimiento está creciendo. Personalmente, casi a diario encuentro un nuevo testimonio de un "vencedor". Puedes visitar twoprisms.com [solo disponible en inglés] para conocer numerosas historias de personas que han sido liberadas de la identidad homosexual o la transgénero, y continuamente se agregan más. Sin embargo, aunque muchos eligen dejar atrás ese estilo de vida, sigue siendo la decisión de cada individuo. Dios no los obligará.

Recuerda que, en última instancia, tú no eres responsable de las acciones de tu hijo. No permitas que el enemigo te destruya por medio de la culpa. Deja de culparte a ti mismo. Puedo garantizar a cualquier padre o madre que lea esto que no has sido el padre o madre perfecto. Te aseguro que cometiste errores. Tu hijo puede incluso echarte la culpa. Sin embargo, eso no significa que su decisión sea tu culpa. Su estilo de vida es su elección. Es probable que haya heridas de ambos lados. Después de todo, todos somos seres humanos rotos. Es el enemigo quien tergiversa la verdad, el que susurra mentiras a nuestros oídos y el que toma cosas hirientes no intencionales y las tuerce en algo que parezca intencional. Tu hijo puede estar enojado contigo y volverse contra ti. Durante años estuve tan enojada con mi madre que la odiaba. Es difícil para mí decirlo ahora que sé cuánto me ama, pero en ese momento estaba tan cegada por mi propio narcisismo, que no podía verlo.

Te animo a no comprometer la verdad. Como muchas personas trans, exigí que mi familia me llamara "Jake" y usara pronombres que coincidieran con el género que había elegido. Solía enfurecerme que mi mamá nunca lo hiciera.

Estaba tan enojada que no hablaba con ella durante meses. Sin embargo, era como una conexión con la realidad para mí. Puesto que ella me seguía llamando "Laura", me recordaba quién era yo. Era como si Dios se negara a dejarme ir, sin importar lo mucho que yo intentara irme. Aunque es probable que no se reciba con amor, recuerda que, en realidad, es un acto de amor decir la verdad; es un acto de amor afirmar cómo diseñó Dios a tu hijo o hija.

Un día todos estaremos delante de Cristo y seremos responsables solo por nuestras palabras y nuestros hechos, no por las acciones de los demás. ¿Cuántos de nosotros nos avergonzaremos por no haber dicho la verdad para que un amigo o familiar no se enoje con nosotros? ¿Y si ese amigo o familiar se muriera y se fuera al infierno porque estabas más preocupado por lo que podían sentir por ti, que por decirles la verdad que podría haber liberado su alma? Recuerda las palabras de Jesús: "Y conoceréis la verdad, y la verdad os hará libres" (Juan 8:32). Es la verdad, dicha en amor, la que hará libres a las personas.

Debes decidir, al igual que todos, ¿amas más a Cristo o a tu ser querido? La mayoría de nosotros no queremos tensión en nuestra familia; queremos que todos se lleven bien; pero Jesús dijo:

> No penséis que he venido para traer paz a la tierra; no he venido para traer paz, sino espada. Porque he venido para poner en disensión al hombre contra su padre, a la hija contra su madre, y a la nuera contra su suegra; y los enemigos del hombre serán los de su casa. El que ama a

> padre o madre más que a mí, no es digno de mí; el que ama a hijo o hija más que a mí, no es digno de mí; y el que no toma su cruz y sigue en pos de mí, no es digno de mí. El que halla su vida, la perderá; y el que pierde su vida por causa de mí, la hallará (Mateo 10:34-39).

Si bien no podemos obligar a nuestros seres queridos a cambiar, debemos decir la verdad con amor. Déjate guiar por el Espíritu Santo, espera su tiempo y sus palabras, pero no tengas miedo de decir la verdad y no midas tu éxito por la reacción de ellos. Recuerda que Él debe cambiar sus corazones. Ninguna cantidad de sutilezas de tu parte los cambiará, sino que Él te usará a su manera. Incluso, aunque al principio, te rechacen y te desprecien o piensen que eres detestable, nunca sabes qué será de esa semilla. He escuchado innumerables historias en las que, aunque al principio rechazaron la verdad que les dijeron, luego tuvo un profundo efecto, tal como lo tuvo en mi vida.

Muchas personas, que se identifican como LGBT, y otras personas rebeldes dicen saber que estaban viviendo en pecado, pero que les gustaba. La clave es descubrir por qué quieren vivir un estilo de vida rebelde: a menudo se debe al dolor que han experimentado. La mayoría de la gente nunca entenderá cuán desdichadas se sienten casi todas las personas trans y cuánto anhelan encontrar la paz. Predícales el "evangelio de la paz", como declaran las Escrituras, para que puedan ser salvos:

> porque todo aquel que invocare el nombre del Señor, será salvo. ¿Cómo, pues, invocarán a aquel en el cual no han creído? ¿Y cómo creerán en aquel de quien no han oído? ¿Y cómo oirán sin haber quien les predique? ¿Y cómo predicarán si no fueren enviados? Como está escrito: ¡Cuán hermosos son los pies de los que anuncian la paz, de los que anuncian buenas nuevas! Mas no todos

obedecieron al evangelio; pues Isaías dice: Señor, ¿quién ha creído a nuestro anuncio? Así que la fe es por el oír, y el oír, por la palabra de Dios (Romanos 10:13-17).

Recuerda que la libertad siempre es posible, incluso a pesar de una mente corrompida. Al mirar atrás, las palabras de Romanos 1 me habrían descrito vívidamente en ese momento. Conocía la verdad, pero la rechazaba. Cuanto más rechazaba la verdad, más irracional me volvía. Profesando ser sabia, me hice necia. A lo largo de la Biblia, Dios trae juicios contra el pecado, pero siempre con la intención de restaurar y redimir, para traer a los pecadores a Él por medio del arrepentimiento. Es decir, hasta el juicio final. Al mirar atrás, veo que Dios me dio muchas oportunidades. Fue demasiado paciente conmigo. Preservó mi vida una y otra vez. Sin importar lo perdido que parezca estar tu hijo, todavía hay esperanza.

Sean cuales sean los errores que hayas cometido, comprométete hoy a dejarlo todo al pie de la cruz. Ya sea que hayas vivido como persona trans o como homosexual, o que seas un padre o un ser querido de alguien que lo es, determina en tu corazón que a partir de hoy no permitirás que el enemigo te mantenga esclavizado por más tiempo. Ríndete con todo tu corazón al Señor Jesús, arrepiéntete del pecado y camina en vida nueva. Y aquí hay una promesa de Dios, que mi mamá me mencionó cuando volví a casa. Es una que he visto a Dios cumplir mucho más abundantemente de lo que podría haber imaginado:

> Y os restituiré los años que comió la oruga, el saltón, el revoltón y la langosta, mi gran ejército que envié contra vosotros (Joel 2:25).

Tienes la Palabra de Dios en esta promesa: Él redimirá, liberará y restaurará. Ten esperanza.

Reconocimientos

Todo se lo debo a Jesucristo, mi Señor y Salvador. Sin Él nunca podría haber escapado del infierno en el que me encontraba. Me sentía atrapada y no podía ver una salida. Estoy asombrada de su misericordia y su gracia para salvar a una infeliz como yo. Él ha redimido verdaderamente mi vida de la desolación en la que me encontraba. Ha saciado mi alma y me ha llenado de su paz.

Estoy eternamente agradecida por el amor infinito de mis padres, Paul y Francine Perry. Ustedes me han amado en medio de mi rebelión y mis mentiras, mientras derrochaba su dinero y a pesar de mi total falta de respeto hacia ustedes, su hogar, su tiempo, su dinero y su amor. Para mi vergüenza, los odié, los rechacé y los utilicé durante más de veinte años. Sin embargo, nunca se dieron por vencidos conmigo, nunca dejaron de orar por mí y nunca dejaron de amarme incluso cuando me había vuelto totalmente antipática.

Al Dr. Everett Piper, el hombre más valiente que conozco, que se ha enfrentado a una avalancha de oposición de los medios de comunicación, las juntas escolares, los padres, los políticos y muchas otras fuentes. Por las ondas de radio, usted supo decir la verdad que yo no quería escuchar, la verdad que no podía enfrentar y, al fin y al cabo, la verdad que me hizo libre. Sus palabras desmoronaron la roca sobre la que estaba firmemente plantada, de modo que no tuve otra roca que Cristo donde sostenerme. No hay palabras para expresar mi gratitud por el valor que Dios le ha dado.

A Lynn Copeland, que me ha ofrecido una gran cantidad de consejos para escribir y publicar este libro. Gracias por tu hermoso diseño para la portada, por todo tu arduo trabajo en la edición del manuscrito y por guiarme a lo largo de este proceso.

Al presentador de radio Pat Campbell, que estuvo dispuesto a ir contra la corriente de los medios de comunicación y entrevistar al Dr. Piper y a otros invitados religiosos en su programa de radio secular donde escuché la verdad sobre política, Dios y la Biblia, y donde escuché la verdad que me hizo libre.

A Steve, que fue mi mejor amigo y compañero durante casi nueve años. Fuiste un maravilloso amigo y compañero. Aunque tratamos de invertir nuestros roles de género, me trataste como a una reina. Me amaste y me apreciaste de una manera que nunca antes había experimentado. Y finalmente, me amaste tanto, que me dejaste ir.

A la iglesia First Baptist Church de Bartlesville, Oklahoma, que me amó y me aceptó cuando regresé a casa y me ayudó durante el difícil y a menudo incómodo período de transición. Estoy agradecida por las numerosas personas de la iglesia que me animaron, oraron por mí y me amaron desde que regresé. Estoy agradecida de ser parte de nuestra familia de la iglesia local. Gracias a los que me han ayudado con donaciones de dinero y muebles. El amor, el apoyo y las bendiciones que he recibido de First Baptist Church van mucho más allá de lo que jamás imaginé, de lo que jamás creí posible. Nunca pensé que volvería a ser aceptada o bienvenida, y mucho menos amada.

A las damas del estudio bíblico "Ven y crece conmigo", para quienes no me alcanzan las palabras para expresar mi gratitud. Gracias por las innumerables oraciones mientras estaba perdida en el pecado. Gracias por no renunciar a esta alma cansada y errante. Gracias por la bienvenida que recibí al volver a casa. Gracias por amarme durante los primeros días y hacerme sentir amada y afirmada como mujer. El amor y la compasión que me han mostrado son inconmensurables. Han sido muy generosas conmigo por medio de tarjetas, abrazos, palabras de aliento, sonrisas, apoyo monetario y mucho, mucho más. Gracias a ustedes, sé que puedo hacer la obra a la que Cristo me ha llamado. Siento su apoyo cuando hablo, al saber que están orando por mí a cada paso del camino. Gracias por apoyar a mi mamá y animarla, y orar por ella. Gracias a todas ustedes y su fidelidad, se formó un grupo de estudio bíblico, y si no fuera por ese grupo, nunca habría construido un sitio web, que finalmente me llevara a la fe en Cristo. Sin su fidelidad y aliento hacia mi mamá, es posible que ella nunca se hubiera convertido en la asombrosa mujer y madre transformada que es hoy.

Gracias a las mujeres con las que trabajo en la First Baptist Church. Ustedes me han amado y apoyado, y me han hecho sentir como una más de las damas. Todas se han convertido en mis hermanas, y estoy muy agradecida por cada una de ustedes.

Al "Pastor D" por su audacia y denuedo para predicar el evangelio y proclamar un mensaje profético de arrepentimiento y un llamado a la santidad, a pesar de tanta persecución. Gracias por arrojar luz sobre los males de la "agenda trans para doblegar el género" y hacerme saber que yo no podía representar tanto a la agenda trans como a Cristo, ya que son totalmente opuestos.

Gracias por leer mi historia. Espero que te haya alentado e inspirado no solo a creer que Jesús existe, sino a poner verdaderamente tu fe y confianza en Él. Solo Él puede salvarte, redimirte y restaurarte.

Si deseas saber cómo hacerlo o deseas obtener más información sobre mí o sobre este ministerio, escribe a:

lauraperry@transgendertotransformed.com

o visita mi sitio web (solo disponible en inglés):

transgendertotransformed.com